REIK LUDEWIG

VENI VIDI
WADENKRAMPF

MIT DEM RAD DURCH ITALIEN –
UND ZU MIR SELBST

Bibliografische Information der Deutschen Nationalbibliothek: Die Deutsche Nationalbibliothek verzeichnet diese Publikation in der Deutschen Nationalbibliografie; detaillierte bibliografische Daten sind im Internet über http://dnb.dnb.de abrufbar.

Verlag: BoD · Books on Demand GmbH, Überseering 33, 22297 Hamburg, bod@bod.de

Druck: Libri Plureos GmbH, Friedensallee 273, 22763 Hamburg

ISBN: 978-3-7693-5060-9

„Wacht darüber, daß eure Herzen nicht leer sind,
wenn mit der Leere eurer Herzen gerechnet wird!
Tut das Unnütze, singt die Lieder,
die man aus eurem Mund nicht erwartet!
Seid unbequem, seid Sand,
nicht das Öl im Getriebe der Welt!"

Günter Eich

Vom Jetzt habe ich für den Moment genug

Ich sitze nicht gern. Ich bin gern in Bewegung und ich liege, wenn auch sehr selten, auch mal auf dem Sofa. Aber sitzen – das lernte ich spätestens in der Schule zu hassen. Sport ist für mich Bewegung. Rennen, springen, balancieren, mit Bällen spielen. Das mache ich gern und wahrscheinlich auch ziemlich gut.

Aber Sport im Sitzen? Endlos die immer gleiche Bewegung mit den Beinen wiederholen? Radfahren, das hieß für mich als Mensch ohne Führerschein, schon immer von A nach B durch die Stadt zu kommen und dabei möglichst nicht zu sterben. In meinem Leben habe ich bisher ungefähr 20 Fahrräder besessen. Meistens ein Haufen Blech mit kurzer Lebensdauer. Am Ende geklaut oder einfach entsorgt. Mittel zum Zweck, tickende Zeitbomben.

Im Sommer schaue ich gern die Tour de France. Wohl mehr aus Voyeurismus. Anderen Menschen beim Leiden zusehen, kann durchaus Zufriedenheit erzeugen. Aber ich selbst habe noch nie auf einem schnellen Rad gesessen. Fahrradfreaks waren mir stets unsympathisch. Wenn ich mit einem meiner Blechhaufen in eine Fahrradwerkstatt ging, erntete ich in der Regel abfällige Blicke. Teilweise dachte ich, man würde direkt die Polizei rufen, da mein Rad angeblich eine „Gefahr für den Straßenverkehr" sei.

Nun sollte ich unter die Radreisenden gehen.
700 Kilometer. Start Bologna. Ziel Rom. Einmal quer durch die Toskana in sieben Tagen. Mehr Zeit hatte ich als berufstätiger Familienvater nicht rausschlagen können.

Mein dienstältester Freund Stefan überredete mich. Wie hatte er das geschafft? Er ist kein besonders guter Redner. Kein Menschenfänger. Niemand, der anderen seinen Willen aufzwingt. Es wurde nach Jahren einfach mal wieder Zeit für eine gemeinsame Unternehmung, für eine Wiederbelebung meiner längsten und engsten Freundschaft.

Nach dem Abitur, vor mehr als 20 Jahren, beschloss ich den Jakobsweg zu gehen. Ich nahm Stefan mit. Wir liefen wochenlang nebeneinanderher und taten das, was wir am besten gemeinsam können: Lachen und schweigen. Heute macht er Ausdauersport, läuft Marathons, fährt tausende Kilometer Rennrad im Jahr. Dieses Mal werde ich mich in seine Welt begeben. Das bin ich ihm schuldig.

Die Vorstellung, jeden Tag acht bis zehn Stunden auf dem Fahrrad zu sitzen, ist grauenvoll. Doch die Vorfreude ist allein durch unser Reiseziel riesig. Es sind nicht nur die Gedanken an das vermeintliche *Dolce Vita*, gutes Essen, Gastfreundschaft, wunderschöne Städte, Dörfer und Bilderbuchlandschaften. Es ist vor allem die Erinnerung, die sich schon länger, wie ein warmes und angenehm brennendes Tuch um mich gelegt hat. Die Erinnerung an die Familienurlaube der 90er und 2000er Jahre, als alles noch an seinem angestammten Platz zu sein schien. Als man während der langen Autofahrten noch stundenlang aus dem Fenster schaute und nicht von Bildschirmen und unzähligen Parallelwelten umgeben war. Klebrige, zähe Sommerferien. Ein heißer, gelangweilter Kopf voller Träume und Ideen.

Wie würden dieselben Orte 20 bis 30 Jahre später wirken? Wie haben sie sich verändert? Und wie haben wir uns verändert? Gibt es unsere Freundschaft noch? Oder versuchen wir sie durch das Auffrischen der immer gleichen Anekdoten, nur künstlich am Leben zu erhalten? Können wir neue Erinnerungen schaffen?

Zugegeben, diese Gedanken kamen zunächst nur selten auf. Die Wochen vor der Reise waren deutlich pragmatischer: Wo kriege ich ein gutes Fahrrad her? Was brauche ich alles? Wo werden wir übernachten? Und wie kommen wir dort hin, so ohne Führerschein?

Andere Gedanken kamen mir erst in den Sinn, als ich aufhörte zu planen. Einfach mal machen, das sollte der einzige Plan sein. Allerdings möchte ich diese Reise nicht zwingend im Jetzt verbringen. Die gesamte westliche Welt redet von Achtsamkeit, vom bewussten Leben im Moment. Das verbale Arschgeweih der 2020er Jahre.

Doch zum Verständnis braucht es doch vor allem einen Rückblick. Das Zulassen von viel zu lange unterdrückten Schmerzen. Mitgefühl mit dem kleinen Jungen, der gedankenverloren Steine in den Gardasee wirft. Der sich fragt, ob man glücklicher ist, wenn man auf italienisch denkt. Der 150-mal versucht, einen Ball in den Mülleimer auf dem Zeltplatz zu schießen und sich dabei selbst kommentiert. Der andächtig eine brummende Katze krault und die ganze Welt in diesem zerzausten Fellknäuel mit den gelben Augen sieht.

Vom Jetzt habe ich für den Moment genug. Ich lebe mein Leben so bewusst wie möglich. Die Regeln meines Alltags bestimmen meine Gedanken und mein Verhalten. Selbst wenn ich in einem Hamsterrad lebe, dann doch in einem äußerst komfortablen, bunt geschmückten Hamsterrad. Kinder zwingen dich zum Jetzt. Und zur Wahrheit gehört auch, dass dieses Jetzt nicht immer schön ist. Wie oft leben wir nicht im, sondern gegen das Jetzt? Dieses Jetzt ist oft anstrengend, voller Menschen und ein Produkt aus Kompromissen. Letztendlich bin ich, wie alle Eltern, Sklave der eigenen Kinder. Wir haben uns das so ausgesucht. Aber machen wir uns nichts vor: Unser Leben ist an den meisten Tagen nicht mehr selbstbestimmt und schon gar nicht einfach. Endlose Pflichten und Sorgen, zwischen denen wir kaum merklich doch immer wieder schöne Momente sammeln. Also lebe ich im Jetzt, wie ein wildes Tier im Zoo, das schon längst nicht mehr ohne die Vorzüge seiner unnatürlichen Umgebung leben möchte.

Das Jetzt ist laut, aufdringlich und oberflächlich. Natürlich brauchen wir es, um Erinnerungen überhaupt erst zu ermöglichen und uns weiterzuentwickeln. Doch das Jetzt ohne Vergangenheit und Zukunft ist nur ein eindimensionaler Popsong, eine billige Klickbait-Schlagzeile, ein leuchtendes Werbeplakat an einem stillen Bergsee.

Wenn das stundenlange Sitzen auf einem Zweirad etwas Gutes haben könnte, dann vielleicht, dass meine Gedanken schlendern können. Oder eben springen, von einer löchrigen, unter den Rippen piksenden Erinnerung zur nächsten. Ohne Anspruch auf Wahrheit und ohne Ziel.

Prolog

*„Man sollte jetzt nicht alles so schlecht reden,
wie es war.“*

Fredi Bobic

Am Tag vor der Anreise wache ich mit starker Übelkeit auf. Kurze Zeit später muss ich mich übergeben. Mein Kopf glüht, ich friere am ganzen Körper. Was nun? Vielleicht nur so ein 24 Stunden Ding, sage ich mir, und gehe meine Vorbereitungen wie geplant an. Das große Paket mit dem geliehenen Gravelbike steht immer noch im Flur. Es wird Zeit für den Aufbau. Für mich als Werkzeuglegastheniker durchaus eine Mammutaufgabe. Nach nur 30 Minuten bin ich fertig, unterbrochen von einigen Toilettengängen. Mittlerweile streikt auch der Darm.

Optisch gefällt mir das Rad sofort. Auch wenn so ein Gravelbike nicht annähernd die Eleganz und Ästhetik eines Rennrads erreicht. Mir fällt auf, dass ich keine Ahnung habe, wie so ein Fahrrad überhaupt funktioniert.

Ich befestige die ebenfalls geliehenen Radtaschen und bepacke sie mit allem, was ich mir über Wochen zurechtgelegt habe. Passt. Nur die Taschen selbst wirken in ihrer Stabilität noch wenig vertrauenserweckend. Besonders die sogenannte „Arschrakete“, die direkt an der Sattelstange befestigt wird und über dem Hinterrad schwebt, wackelt in alle Richtungen.

Entkräftet lege ich mich ins Bett und versuche mir einzureden, morgen schon wieder der Alte zu sein, wenn ich mir nur ein wenig Ruhe gönne. Doch mit jeder Stunde geht es mir schlechter. Mir ist schwindelig, sobald ich aufstehe. An Nahrungsaufnahme ist nicht zu denken. Den Versuch, Flüssigkeit zu mir zu nehmen, unterbindet mein Magen sofort. Jegliche Vorfreude ist verschwunden.

Am nächsten Morgen erwache ich in ähnlichem Zustand. Doch irgendwie muss es ja losgehen. Oder doch nicht? Ich rufe Stefan an, in der irrationalen Hoffnung, er hätte einen Plan B.

„Hi! Ich habe Magen-Darm."
„Trottel!"
„Was soll ich denn machen?"
„Ja, äh. Setz dich in den Zug und dann gucken wir mal."
„Okay."

Das ist er also. Der große Tag. Ich rolle aus dem Haus Richtung Bahnhof. Während der Fahrt schaue ich aus dem Fenster, mit voller Konzentration darauf, mich nicht zu übergeben. Im Zug von München nach Bologna kommt es dann zur Katastrophe. Doch dafür ist nicht mein Körper verantwortlich. Da bei der Buchung keine Fahrradplätze mehr zur Verfügung standen, hatte ich mir eine Fahrradtasche zugelegt. Noch am Bahnsteig habe ich das Vorderrad abgeschraubt und alles in der Tasche verstaut. Doch die österreichische Schaffnerin fordert mich mit dem Charme eines Warentrenners zum Aussteigen auf. Ich nehme ihre Brandrede nur in Wortfetzen wahr.

„Illegal ... Notausgang … unverantwortlich … sofort raus!"
In ihrem Gesicht haben sich die Jahrzehnte der schlechten Laune eingebrannt.

Ich habe nicht ansatzweise genug Energie, um eine Diskussion zu beginnen und werde in Kufstein auf dem Bahnsteig ausgesetzt. Ich schleppe mich zu einer Bank und fühle gar nichts.

Fünf Stunden und drei Bummelzüge später lande ich in Trento und suche mir dort ein günstiges Apartment in Bahnhofsnähe. Immerhin habe ich italienisches Staatsgebiet erreicht. Ich schreibe Stefan, der schon seit dem späten Nachmittag in Bologna ist.

„Ich habe es jetzt bis Trento geschafft. Wenn alles gut geht, bin ich morgen 12 Uhr in Bologna."

„Ja gut, immerhin. Dann komme ich dann dort zum Bahnhof. Schlaf dich gesund, du alter Kackvogel!"

1. Etappe

Bologna - Castel del Rio

„Die Welt ist vollkommen überall,
wo der Mensch nicht hinkommt mit seiner Qual.“

Friedrich Schiller aus: Die Braut von Messina

In der Nacht wurde ich mehrmals von starken Darmkrämpfen geweckt. Meine Stirn pulsiert, sobald ich stehe.

Mühevoll versuche ich, meine amateurhaft gepackten Taschen am Rad zu befestigen und stoße dabei auf die noch originalverpackten Radhandschuhe. Noch nie habe ich so etwas besessen, doch Stefan meinte, Handschuhe seien unverzichtbar. Ich öffne die Folie und werde von einem bekannten Geruch überrollt. Nichts ruft so unvermittelt Erinnerungen hervor, wie Gerüche. Es ist ein vertrauter Duft meiner Kindheit.

Ich hieve mein Rad die Treppe des Apartments hinunter und rolle zum Bahnhof von Trento. Der Zug selbst ist überraschend menschenfreundlich. Das Fahrradabteil bietet Platz für etwa 400 Räder. Belegt sind fünf davon. Der kalte Schweiß und das leichte Frösteln sind immer noch da. Doch immerhin ist die Übelkeit erstmal verschwunden.

Mir gegenüber sitzt eine ältere Frau, die einfach nichts tut. Kein Buch, kein Smartphone, keine Kopfhörer, oder was man sonst noch benutzt, um sich von der eigenen Sterblichkeit abzulenken. Sie sitzt einfach da und schaut zufrieden aus dem Fenster. Mit ihren Lachfältchen und ihrer gleichmäßig gebräunten Haut könnte sie das Cover der Apotheken Umschau zieren. Auch nach einer halben Stunde tut sich bei ihr nichts.

Erst denke ich, mit ihr könnte eventuell etwas nicht stimmen. Doch konnte ich das nicht auch irgendwann mal? Einfach nur da sein und die Gedanken schweifen lassen? Ich möchte das wieder können. Ich glaube, noch ist es nicht zu spät. Ich versuche, es ihr gleichzutun. Sofort werde ich unruhig und taste nach meinem Handy. *Nein! Aus!* Mit Daumen und Zeigefinger drehe ich minutenlang an den Haaren zwischen meinen Geheimratsecken. So wie ich es seit 30 Jahren tue, wenn ich sitze und die Hände frei habe.

Nur hatte ich früher dabei einfach mehr Haare zwischen den Fingern.

Ein vertrautes Gefühl der Panik kommt in mir auf. Ich zwinge mich, nach draußen zu schauen. Das Land wirkt nun nicht mehr wie ein Land, das Italien ist, aber lieber Österreich wäre. Die letzten Gipfel der Alpen werden immer kleiner am Horizont. Ich nehme die Radhandschuhe aus der Packung, streife sie mir über und atme tief ein.

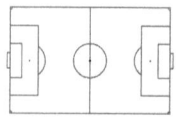

Spiel
Sommer 1998

Genau wie zu Hause wollten sie auch hier ihr „Duell" austragen. Schon am ersten Tag des Urlaubs fanden sie den Fußballplatz im Nachbardorf. Die Linien waren filigran gezogen und die Tornetze hatten die perfekte Spannung. Nur der Rasen litt stark unter der trockenen Hitze des italienischen Sommers. Elfmeterschießen. Stundenlang. Das überwältigende Gefühl, zu fliegen und den Ball mit den Fingerspitzen am Tor vorbeizulenken. Oft schoss der Vater etwas sanfter, um seinem Sohn eine Chance zu geben. Vor jedem Schuss zupfte der Junge, der zwischen den Pfosten noch verlorener aussah als sonst, seine Handschuhe zurecht. Etwa zwei Jahre später waren sie ebenbürtig. Die „Duelle" wurden seltener. Weitere zwei oder drei Jahre später war es der Junge, der etwas sanfter schoss.

Pünktlich trifft der Zug in Bologna ein. Stefan sitzt zur gleichen Zeit auf dem Rad Richtung Bahnhof. Die Jugendherberge, in der er die Nacht verbracht hat, ist nur wenige Minuten entfernt.

Ich sehe ihn schon von weitem mit seiner leuchtend roten Windjacke. Geschickt schlängelt er sich mit dem Rad durch die stehenden Autos und hebt lässig seinen langen Arm, als er mich entdeckt. Seine zwei Meter Körperlänge hat er gekonnt auf das Fahrrad verteilt, sein Gepäck wirkt durchdacht und fixiert. Unsere Begrüßungen sind schon immer laut, aber nicht körperlich. Wir werfen uns improvisierte Schimpfwörter an den Kopf („Stefaniiiie, alte Schwimmnudel!") und grinsen uns an.

Ich bin erleichtert, ihn endlich zu sehen. Wenn man das Grundvertrauen in den eigenen Körper vorübergehend verloren hat, ist es gut, eine vertraute Person an seiner Seite zu haben.

Mitleidig begutachtet Stefan meine umherschlackernden Radtaschen. Sofort legt er Hand an. Minutenlang bearbeitet er mein Rad, zieht Gurte aus seiner Tasche und murmelt vor sich hin. Der Mann ist die menschgewordene blaue IKEA-Tüte. Einfach im Design, aber unglaublich vielseitig. Ich halte kurz das Gesicht in die Sonne und bin dankbar, irgendwie Bologna erreicht zu haben. Bald hat Stefan einen Teil meiner Ausrüstung ungefragt auf sein Rad geschnallt.

„Damit du auch irgendwie ankommst mit deinen Ekelviren."

Dann rollen wir los.
Wir sind tatsächlich auf den Rädern und nehmen die knapp 700 Kilometer in Angriff. Heute stehen nur 59 Kilometer auf dem Plan. Lockeres Einrollen nach der langen Anreise,

das war der Plan. Doch genauso war es der Plan, sich schon am Vorabend in Bologna zu treffen und in einer Bar auf die gemeinsame Reise anzustoßen. Schon nach wenigen Kilometern merke ich, dass dieser Tag womöglich die größte Herausforderung werden könnte.

Mein kranker Körper wehrt sich ab der ersten Sekunde. Er möchte liegen, so wenig Energie wie möglich aufbringen, bis sein Magen-Darm-Trakt wieder den Dienst antritt. Kalter Schweiß aus jeder Pore. Trotz Sonne und 24 Grad trage ich eine lange Hose und die Regenjacke über dem Pullover. Jeder Tritt in die Pedale fühlt sich falsch an.

Sobald ich mich etwas weiter nach vorn beuge, verkrampft mein Magen. Ich bin froh, das Gleichgewicht zu halten und mich überhaupt bewegen zu können. Nach 20 Minuten haben wir es aus der Stadt geschafft und gönnen uns eine kurze Pause. Ich versuche, die Angst um meinen Körper mit schlechten Witzen zu bekämpfen. Bei dem Versuch, weiterzufahren, klicke ich mich mit meinen Radschuhen in die Pedale, kippe zur anderen Seite, komme nicht rechtzeitig heraus, um mich zur anderen Seite abzustützen, und falle in Zeitlupe auf den Asphalt.

„Klassiker!", jubelt Stefan.

„Das wird dir noch mindestens zweimal passieren. Lehrgeld!"

Den Schmerz an der Hüfte nehme ich lachend zur Kenntnis. Doch in diesem Moment hasse ich es, der Anfänger zu sein. Schon immer war ich in seinen Augen die Sportskanone. Seriensieger beim Sportfest, Leichtathletikwettkämpfe, Kraftsport. Ich war immer der Bessere, weshalb es auch nie sportliche Konkurrenz zwischen uns gab. Nun fühle ich mich wie eine kranke, alte Taube, die versucht, mit einem Pelikan mitzuhalten. Ich kauere auf dem Lenker, halte den Abstand zu Stefans Hinterrad möglichst gering, um seinen üppigen Windschatten zu nutzen. Seine riesigen, muskulösen Waden schüchtern mich ein.

Noch bin ich zuversichtlich, diesen Tag irgendwie zu überstehen, in der Hoffnung, schon morgen wieder einigermaßen einsatzfähig zu sein. Doch die ersten steilen Waldwege bringen mich sofort an meine Grenzen. Mein Körper bettelt regelrecht darum, sich doch irgendwo an den Wegesrand legen zu dürfen.

Schon eine halbe Stunde nachdem wir das Stadtgebiet von Bologna endlich verlassen haben, führt uns Stefans Garmin in ein Naturschutzgebiet, das uns in seiner Natürlichkeit zwar überrascht, jedoch absolut ungeeignet für Fahrräder ist. Nicht einmal Mountainbiker hätten hier ihren Spaß. Zunächst können wir noch im Schritttempo die verwurzelten, schmalen Wege passieren. Nicht ohne dabei im Sekundentakt von Ästen und Zweigen aufgegabelt zu werden. Doch bald ist es mit Wegen ganz vorbei. Wir schieben durch das Gestrüpp und hieven uns mit unseren Fahrrädern steile Hänge hinauf. Teilweise müssen wir die Räder zu zweit tragen oder rutschen den Hang einfach wieder hinunter. Oft brechen wir einfach in lautes Lachen aus, was nicht allzu förderlich ist, wenn man versucht, ein voll bepacktes Fahrrad eine verwilderte Erdrampe hinaufzubugsieren. Wir lachen womöglich nicht über die eigene Unfähigkeit oder die nicht vorhandenen Wege. Viel mehr lachen wir darüber, wie schlecht wir hierher passen, mit unserer Ausrüstung und unseren bunten Outdoorklamotten. Wie lächerlich man ist, merkt man erst, wenn man nur von Natürlichkeit umgeben ist.

Völlig verdreckt erreichen wir eine Lichtung und finden einen halbwegs befahrbaren Weg. In einer guten Stunde haben wir stolze vier Kilometer zurückgelegt. Noch hat das alles hier wenig mit Radfahren zu tun. Es ist eher eine deftige Mischung aus Boot Camp und „Tiere suchen ein Zuhause". Es würde mich nicht wundern, wenn im nächsten Moment ein sensationsgeiles Kamerateam von RTL aus dem Gebüsch springen würde.

Mir widerstrebt es, nicht auf meinen Körper zu hören und auf diesem Fahrrad zu sitzen. Ist es doch eine mühsam entwickelte Stärke von mir, sonst ihm das Kommando zu überlassen, jedes Signal wahrzunehmen, zu deuten und danach zu handeln. Ich versuche, so viel Flüssigkeit wie möglich zu mir zu nehmen. Doch die letzten 48 Stunden haben ihre Spuren hinterlassen. Ich schiebe, sobald es zu holprig oder zu steil wird. Doch selbst das wird zur Qual. Immer wieder bekomme ich Schüttelfrost.

Bei all den Strapazen und dem Frust über die körperliche Schwäche – die Stimmung zwischen Stefan und mir ist fantastisch. Wir lachen ständig, oft auch über meinen Zustand. Wir genießen die plötzliche Freiheit. Stefan hat zähe Monate voller Dienstreisen, Meetings und Freizeitstress hinter sich. Auch ohne Kinder kann das Leben tierisch anstrengend sein. Trotz oder vielleicht auch wegen seiner bestechenden Intelligenz hat er recht lang vor sich hin studiert. Irgendwann wurde er doch noch fertig und seitdem scheint er es sich so richtig beweisen zu wollen.

Nun sind wir hier, fahren durch Wälder und schieben uns Rampen hoch. Doch für Stefan bleibt es eine Kaffeefahrt. Die meiste Zeit komme ich mir vor, wie ein schlecht vorbereiteter Tourist, der versucht den Mount Everest zu besteigen. Stefan ist mein vollbepackter, gut gelaunter Sherpa, der nebenbei noch Luft hat, um mir die Landschaft zu erklären. Sein Biologiediplom lässt ihn die Umgebung anders wahrnehmen. Er redet pausenlos.

Fester Bestandteil unserer oft ansatzlosen Kommunikation sind traditionell völlig aus der Luft gegriffene Entweder-oder-Fragen.

„Wärst du lieber eine fleischfressende Pflanze oder ein pflanzenfressender Fleischer?"

„Wäre es für dich schlimmer, morgen mit lila Haut am ganzen Körper oder mit den Augen am Hinterkopf aufzuwachen?"

Fragen wie diese, mit ihren unmittelbar folgenden, nicht weniger dämlichen Antworten, gehören seit mehr als 25 Jahren zum guten Ton unseres Grundrauschens und haben sich in ihrem Niveau und ihrer Sinnlosigkeit kaum verändert.

Trotz aller Unannehmlichkeiten, die mich auf dem unbequemen Rad quälen: Der Druck ist weg. In einer zivilisierten Welt mit Magen-Darm-Infekt unterwegs zu sein, ist die Hölle. Besonders im Zug. Jeden Moment droht man aus der Rolle zu fallen, sich zu blamieren. Hier ist alles egal. Ich könnte mich direkt übergeben oder in den nächsten Busch hüpfen und die Hosen runterlassen. Nichts daran wäre mir vor Stefan unangenehm.

Der vermeintliche „Einrolltag" ist schon jetzt das Gegenteil von dem, was wir uns ausgemalt hatten. Nicht nur wegen meiner Krankheit. Wir bewerten das aber nicht und das tut unfassbar gut. Ich habe fürs Erste akzeptiert, dass mein Körper noch nicht in der Lage ist, das zu leisten, wozu er normalerweise im Stande wäre. Wir ärgern uns nicht über plötzlich endende Wege und die miese Streckenführung von Stefans Garmin. Wir versuchen, einfach nur anzukommen. Dabei müssen wir keinerlei Erwartungen erfüllen und Zeiten einhalten. Das ist der eigentliche Luxus. Die größte Freiheit besteht darin, jederzeit aufhören zu können. Die zweite große Befreiung: Es ist völlig egal, was aus unseren Mündern kommt. Schon am ersten Tag sprudeln die Schimpfwörter aus uns heraus und wir schreien, wenn uns danach ist. Wie zwei panische Paviane, die aus ihrem Gehege ausgebrochen sind.

Doch mit jeder Stunde schwindet meine Zuversicht, den Tag zu überstehen. Immer wieder fahren oder schieben wir auf Wegen, die im Nichts enden. Ein Jahr zuvor soll es in dieser Region schwere Regenfälle gegeben haben. Dementsprechend haben sich viele Feld- und Waldwege zu unpassierbaren Schlammpfaden verwandelt oder sind gänzlich verschwunden.

Mitten an einem weiteren unbefahrbaren Anstieg schießt mir ein Gedanke in den Kopf, der mich in ein Loch aus Selbstmitleid fallen lässt:

Seit Wochen fiebere ich dieser Reise entgegen. Dem Hamsterrad entkommen, draußen sein, meinen Körper spüren, die Verausgabung genießen – und nun das. Mein Körper funktioniert nicht, und wird wohl auch in den nächsten Tagen nicht wirklich funktionieren. Diese Erkenntnis ist nur schwer zu akzeptieren.

Heilung
Winter 1992

Bisher hatte er nicht gewusst, dass es in Italien auch Winter gibt. Seine Nase klebte an der Scheibe des Autos und er traute sich kaum zu blinzeln. Der Schnee tanzte im Licht der Scheinwerfer. Er mochte den süßlichen Geruch des Frostschutzmittels.

Selbst die sonst so abgeklärte Schwester staunte vor sich hin. Solche Berge hatten sie noch nie gesehen. Auf der Packung dieser Schokoladenecken, die ihre Oma manchmal schickte, war ein schneebedeckter Gipfel abgebildet. Der sah so ähnlich aus.

Auch die Eltern auf den Vordersitzen schienen begeistert zu sein. Seine Mutter versuchte zu erklären, wie diese Berge vor langer Zeit entstanden sind. Niemand hört zu. Schon bald erreichten sie ihr Ferienhaus und noch am selben Tag standen alle vier auf Skiern im Schnee. Das Licht schmerzte in seinen Augen und er fühlte sich gefangen in den unbeweglichen Skischuhen. Er wäre viel lieber Schlitten gefahren. Der Vater fuhr mit eleganten Bewegungen voraus. Vorsichtig stieß sich der Junge mit den Stöcken ab. Der Hang war nicht steil, doch er wurde immer schneller.

„Die Skier nach innen zum Bremsen! Du musst ein Dreieck machen!", hört er seine Mutter noch von hinten rufen. Er wusste, wie man ein Dreieck malte, doch nicht wie man eins machen konnte. Er raste auf einen Zaun zu, weit entfernt hörte er die Schreie seiner Eltern. Er wusste, was gleich passieren würde. Deshalb versuchte er, die wenigen Sekunden zu nutzen, um an etwas Schönes zu denken. Er sah sein Kinderzimmer, hörte die vertrauten Geräusche seines Kaninchens. Das beruhigende Rascheln, wenn seine Mutter am Abend das Zimmer verlassen hatte.

Er schloss die Augen, dann schlug er ein. Er sah den weißen Himmel über sich, der nahtlos in das Weiß der Berge überging. Er war noch da. Er konnte immer noch denken, was er wollte. Er lächelte. Kurz darauf erschien das versteinerte Gesicht seines Vaters vor dem blendenden Himmel. Immer mehr Menschen versammelten sich über ihm. Bald wurde er von orangen Männern weggetragen.

Als er wieder zu sich kam, sah er seine Schwester mit wichtiger Miene in ihrer Pferdezeitschrift blättern. Ohne aufzusehen, nuckelte sie zwischendurch am Strohhalm eines Trinkpäckchens. Er wollte sie nicht erschrecken.

„Darf ich auch mal?", flüsterte er.

Sie zuckte und sprang sofort auf. Aufgeregt packte sie seine Hände und strahlte ihn an.

„Dein Bein ist gebrochen. Tut es weh?"
Er fühlte in sich hinein. Das eine Bein unter der Decke gehorchte seinen Befehlen nicht, doch Schmerzen hatte er keine.

Den Rest des Urlaubs verbrachte er auf dem Sofa, vor dem Kamin im Ferienhaus. Zur Gesellschaft blieb immer jemand bei ihm. Er mochte es nicht, bedient zu werden. Jeden Abend versuchte er, heimlich ein paar Schritte zu gehen. Nur drei Wochen später konnte er wieder laufen und springen.

„Hmm. Es ist ja bekannt, dass Kinderknochen schneller heilen. Aber sowas habe ich auch noch nicht gesehen", sagte der Arzt.
Diese Worte hallten noch lange in ihm nach. Hatte er Superkräfte? Er sah seinen Körper nun nicht mehr als einen Teil von sich. Vielmehr hatte er einen Freund in ihm gefunden. Der stinkende Gips hing noch Jahre in seinem Kinderzimmer.

Schon 16 Uhr und wir haben immer noch 25 Kilometer vor uns. Ohne Gepäck, mit Rennrad auf einer asphaltierten Straße (und im besten Fall noch gesund) wäre das ein Witz. Wir würden in einer guten Stunde unseren Zielort erreichen. So ist allerdings noch kein Ende in Sicht.

Mit jeder Erhebung, die wir bewältigen, bieten sich uns prahlend schöne Aussichten. Doch der Schmerz und die fehlende Energie scheinen mein Empfinden für Schönheit und Ästhetik vorübergehend eingefroren zu haben. Ich glotze auf die saftigen, grünen Hügel der Emilia-Romagna wie auf einen Bildschirmschoner. Es hat etwas Regenwaldartiges. Mein Kopf stuft die Dinge als schön ein und ich mache auch ein paar Bilder und Videos. Aber noch fühle ich dabei nichts.

Das Rad samt Gepäck wird mit jedem Kilometer schwerer. Nichts geht mehr. Eine gute halbe Stunde habe ich einen völligen Filmriss. Schließlich erreichen wir Castel del Rio. Ein malerisches Dorf mit knapp 1000 Einwohnern nahe der Grenze zur Toskana. Von hier führt ein fast fünf Kilometer langer Anstieg zu unserer Unterkunft. Im Ort trinken wir noch eine Cola und essen ein Wassereis. Beides scheint mein Magen anzunehmen. Das gibt mir Hoffnung.

Noch ahnen wir nicht, wie besonders die nächsten Stunden werden. Eine unwiederbringliche Besonderheit, die sich nicht in Ereignissen, sondern in Orten und Empfindungen offenbart.

Am Fuße des letzten Anstiegs überqueren wir die *Ponte Alidosi*. Seit gut 500 Jahren steht sie hier. Sie führt über den Fluss *Santerno*, der schüchtern unter ihr hindurch gleitet. Auf der Brücke halten wir ein letztes Mal inne, bevor wir in die Steigung gehen. Die ersten Kurven sind gleich ein Brett. Schon bald wissen wir, warum unser auf den Bildern so wunderschön und großzügig erscheinendes Quartier derart günstig ist: Es gibt im Grunde keinen Weg mehr hinauf. Mehrere Erdrutsche haben reihenweise Wege unpassierbar gemacht oder gänzlich verschwinden lassen.

Bald erreiche ich ein körperliches Gefühl, welches ich so noch nie gespürt habe: Ich bin egal. Es ist völlig egal, was mit mir passiert. Ich würde weitermachen, bis ich umkippe oder oben ankomme. Beides wäre weder gut noch schlecht. Über mir schwirren ein paar Fliegen und ich bilde mir ein, sie würden spüren, dass ich eventuell gleich zusammenbreche und sie sich dann an meiner Haut vergreifen könnten.

Ich versuche zu fahren, sobald es der Weg und die Steigung möglich machen. Wenn es denn überhaupt einen Weg gibt. Aber hauptsächlich schiebe ich. Stefan ist nicht mehr zu sehen. Zwischen den Bäumen kann ich erahnen, welch unglaublicher Anblick sich auf dem Gipfel bieten wird, wenn ich ihn denn jemals erreichen werde. Der Himmel hat sich in zartes Lila gefärbt und die Dämmerung scheint es besonders eilig zu haben.

Ich atme nicht schwer, ich muss meinen Körper nicht zwingen. Er hat das Kommando übernommen und der Schmerz hat sich selbst betäubt. Ich bewege mich wie unter Wasser, stütze mich auf den Lenker, während ich schiebe. Meine Schritte werden immer kürzer. Komme ich überhaupt noch vorwärts?

Plötzlich höre ich eine vertraute Stimme. Stefans riesige Hände packen mein Fahrrad am Lenker. Instinktiv versuche ich mich festzuhalten, um nicht das Gleichgewicht zu verlieren. Für einen Moment krallen sich meine Finger in die kühle Erde. Stefans Fahrrad muss irgendwo weiter oben stehen, denn er schiebt, fröhlich vor sich hin plappernd, mein Rad weiter die steile Rampe hinauf. Ich stehe reglos da und bin froh, mich auf den Beinen halten zu können. Ich fühle mich wie der Aussteiger im Film *Into the Wild*. Kurz vorm Ende. Ich gehe weiter. Schritt für Schritt. Meiner Umgebung scheint man die Farbe abgedreht zu haben. Zwei Serpentinen weiter wartet Stefan mit den Rädern. Etwa 50 Meter hinter ihm erkenne ich ein Tor.

„So. Jetzt steig auf, dann kann ich wenigstens filmen, wie du ankommst."
Es ist flach genug, um loszufahren. Ich trete mit letzter Kraft vier oder fünfmal in die Pedale. Dann rolle ich durch das Eingangstor unserer Unterkunft. Wir sind oben. Wir sind da. Mein Sherpa hat mich ans Ziel gebracht.

Seltsamerweise reicht meine Kraft zum Staunen. Ganz bewusst hatte ich mir unsre Quartiere vorher nicht genauer angeschaut und Stefan einfach mal machen lassen. Ich wollte überrascht werden. Im Guten wie im Schlechten. Doch dieser Anblick ist mehr als eine Überraschung. Ein Steinhaus, aus dem ein warmes oranges Licht strömt. Duftende Kräuterbüsche an jeder Ecke. Zu allen Seiten die vom Abendlicht sanft eingefärbten Hügel der Emilia Romagna und der Toskana.

Es mag übertrieben klingen, doch ich bin froh, noch am Leben zu sein. Dieser erste Tag auf dem Rad war meine kleine persönliche Hölle, die nun in einem Paradies endet, das unwirklich erscheint.
Die Räder lehnen wir ohne Schloss an die Hauswand.

„Wenn es ein Dieb bis hier oben schafft, hat er sich die Bikes auch verdient", meint Stefan.

Die Eingangstür ist verschlossen, also schleichen wir um das Haus herum. Ich höre Klänge moderner klassischer Musik, die mit jedem Schritt etwas lauter werden. Ein kleiner, ebenerdiger Pool liegt still hinter einem leuchtenden Glasanbau. Ich versuche, die Tür nicht zu leise und nicht zu forsch zu öffnen, um niemanden zu erschrecken oder unhöflich zu sein.

Unser Gastgeber Ernesto sitzt in einem kleinen Raum vor dem Computer, mit dem Rücken zum Garten. Als er unsere Stimmen hört, schreckt er hoch. Seine traurigen, wachen Augen fallen sofort auf und verströmen eine angenehme Melancholie. Er spricht fließend Englisch, wenn auch mit einem starken, sympathischen Akzent. Er zeigt uns jedes Zimmer, begutachtet unsere Räder und hält ein kurzweiliges Referat über seinen Alltag und die Entstehung seines Hauses. Seine Bewegungen wirken auffällig langsam für sein Alter.

Schon bald bereitet Ernesto das Abendessen vor. Lasagne. Während Stefan duscht, setze ich mich zu ihm an den Küchentisch und er erzählt mir von seinem Leben. Seit fast 16 Jahren lebt er hier oben allein. Manchmal sieht er wochenlang keine Menschen. Bis vor einigen Monaten hatte er einen Hund namens *Dante* an seiner Seite. Im letzten Winter wurde *Dante* eingeschläfert. Wenn er darüber spricht, zieht er die Stirn nach oben, wohl um die Tränen zurückzuhalten. Er bewegt sich wie in Zeitlupe, präpariert die Lasagneplatten, als wären sie ein Kartenhaus. Seine Langsamkeit ist mehr Sorgfalt als Trägheit. Hier in den Bergen scheint es keinen Grund zu geben, die Dinge mit Eile zu tun. Nichts erfordert unmittelbares Handeln. Wieder so ein Zeichen, denke ich.

Was mich am meisten überrascht: Ich höre zu. Seit Monaten versuche ich, an mir zu arbeiten. Das Desinteresse an Menschen und deren Geschichten hatte sich irgendwann in mein Leben geschlichen. Zuhören, mitfühlen, Anteil nehmen. All das kostet Energie. Ich hatte mir ›selbst‹ Scheuklappen aufgesetzt, um die 14-16 Stunden Tage zwischen Job und Kindern bewältigen zu können. Wenn Bekannte oder Kollegen mir aus ihrem Alltag erzählten, habe ich mich oft zum Zuhören gezwungen. Um kurz darauf zu merken, dass ich den Zuhörer nur spielte, mich selbst beim Zuhören beobachtete, dabei ein möglichst interessiertes Gesicht machte, und am Ende rein gar nichts übrig blieb.

Oberflächlichkeit als Überlebensstrategie. Die Rush Hour des Lebens fordert ihre Opfer.

Nun sitze ich hier neben diesem Italiener mit den traurigen Augen und höre einfach zu. Er berichtet von den verheerenden Erdrutschen der letzten Jahre, die seine Existenz hier oben noch immer bedrohen. Von den Widrigkeiten des Winters. Von den wilden Kräutern, die er körbeweise sammelt und weiterverkauft, um vom Gewinn sein Haus in diesem fantastischen Zustand zu halten. Auch von seinem früheren Stadtleben während des Studiums berichtet er. Doch dabei begründet er nicht, warum er sich für dieses abgeschiedene Leben entschieden hat. Vielmehr begründet er, warum er überhaupt ein paar Jahre in der Stadt leben musste. Als wäre es eine lästige Notwendigkeit gewesen.

Sein Interesse an meinem Leben ist mir anfangs unangenehm. Was soll ich schon erzählen? Ich bin ein Stadtmensch mit allen Privilegien aus dem reichen Deutschland, der mit einem alten Freund eine Radtour macht. Die Idee, von Bologna nach Rom mit dem Fahrrad zu fahren, fand ich bisher nicht allzu spektakulär. Doch für ihn ist es, als würde ich von einer Marsmission berichten. Tatsächlich könnten unsere Welten kaum unterschiedlicher sein.

Er möchte alles wissen. Wie schwer unsere Räder sind. Welches Gepäck wir dabeihaben. Was wir tun, wenn jemand stürzen sollte. Wie wir unsere mögliche Ankunft in Rom feiern möchten. Warum ich mit Magen-Darm-Virus losgefahren bin (ich habe nicht mal ansatzweise eine schlüssige Erklärung parat). Unvorstellbar für ihn, dass ein Mann mit Kindern zusammenlebt und trotzdem fast jeden Tag arbeitet. Sein aufrichtiges Interesse beginnt mir zu schmeicheln. Ich fühle mich gesehen, und die Scham über mein Hamsterrad verglichen mit seinem freien, selbstbestimmten Leben verschwindet für einen Moment.

„Worauf bist du stolz?", fragt mich Ernesto, als er die Lasagne in den Ofen schiebt.

Ich zucke zusammen. Er steht mit dem Rücken zu mir, doch scheint er meine Unsicherheit spüren zu können.

„Nichts", antworte ich etwas zu schnell.

Ernesto weiß, welche Kraft Pausen in Gesprächen haben können. Er dreht sich um, legt den Kopf schief, schürzt die Lippen und kneift ein Auge leicht zu. Nach ein paar Sekunden gebe ich auf.

„Ja gut. Natürlich gibt es da Dinge, die mich stolz machen. Aber dieses Gefühl hält oft nur wenige Sekunden an."

„Auf deine Kinder?"

„Manchmal. Doch meistens ist es nur ein ungläubiges Staunen, wenn ich meine Kinder anschaue."

„Warst du denn stolz, als du hier oben angekommen bist?"

„Nein. Ich war nur froh, dass es vorbei war."

Ich spüre, dass er mit seinen Fragen einen Punkt getroffen hat.

„Du darfst stolz sein."

Ich nehme meinen Mut zusammen, versuche durch die ständige Übersetzung ins Englische im Kopf etwas Abstand zu gewinnen.

„Ich denke, ich verbiete mir jede Form von Stolz als Ausgleich."

„Als Ausgleich? Für was?"

„Für alle Fehler und Verletzungen. Wenn man all die guten Sachen kleinredet, hat man vielleicht auch etwas mehr das Recht, die eigenen Fehler etwas kleiner zu machen."

Ernesto schaut aus dem Küchenfenster, als würden diese Berge eine Antwort auf alles haben.

„Ich glaube es gibt keinen Ausgleich. Du bist nicht deine Fehler. Vielleicht musst du den Stolz zulassen, um die eigene Kraft zu realisieren. Du hast ja auch die Scham und das Bedauern über deine Fehler zugelassen. Wäre doch nur fair." Er krault seinen Siebentagebart und lacht zum ersten Mal laut.

„Und worauf bist du stolz?", frage ich ihn.

Ich weiß nicht, wann ich zum letzten Mal jemanden mit ehrlichem Interesse etwas gefragt habe. Das breite Grinsen in seinem Gesicht verschwindet schlagartig.

„Ich bin stolz darauf, all dem entkommen zu sein."

Ich widerstehe dem Drang, ihn nach dem „all dem" zu fragen, in der Hoffnung, er würde sich selbst erklären. Nach kurzem Zögern fährt er fort.

„Ich habe überall verbrannte Erde hinterlassen. Ich habe immer wieder Menschen verletzt. Ganz ohne böse Absichten. Dabei war nicht ich das Problem. Zumindest nicht nur ich allein. Ich war einfach am falschen Ort. Wie eine Forelle im Salzwasser, die für den Fluss geboren wurde und im offenen Meer herumirrt. Ich bin nicht gemacht für den Wahnsinn. Warum sonst sollte ein Mann Mitte 30 mit seinem Hund ins Nirgendwo ziehen?"

Für einen Moment wirkt Ernesto selbst überrascht von seiner Offenheit. Ich würde gern so vieles fragen. Wem hat er wehgetan? Hat er Kinder? Wovon träumte er mit 20? Doch unausgesprochen haben wir uns auf ein Gespräch geeinigt, dessen Details nur ungefragt ausgesprochen werden. *Der Wahnsinn.* Wenn Ernesto dem Wahnsinn entkommen ist, bin ich dann mittendrin?

In diesem Moment kommt Stefan frisch geduscht die Treppe herunter. Natürlich ist unser Gespräch damit beendet. Ernesto nickt mir zu und holt ein Bier und eine Fanta für uns aus dem Kühlschrank.

Später sitze ich mit Stefan draußen und esse die wahrscheinlich beste Lasagne meines Lebens. Im gleißenden Abendlicht bietet sich uns ein unwirklicher Anblick. Zum ersten Mal am heutigen Tag kann ich diese Landschaft genießen, weil für einen Moment mal nichts wehtut.

Nach den ewigen Zugfahrten, dem Schnaufen des Busses und dem Surren der Räder herrscht plötzlich Stille. Wir schweigen. Wenn Orte etwas Magisches haben können, gehört dieser hier definitiv zu einem auserwählten Kreis. Das war ab der ersten Sekunde zu spüren.

Ich bin froh, dass Stefan dasselbe wie ich zu empfinden scheint. Wir kennen uns seit 28 Jahren und doch fällt es mir immer wieder schwer, mich in ihn hineinzuversetzen. Wir führen keine tiefgründigen Gespräche über unser Innenleben. Unsere Gespräche drehen sich schon immer um das Äußere. Weltgeschehen, Sport, Alltagsbeobachtungen. Ich hätte keine Probleme damit, mich vor ihm verletzlich zu zeigen oder über Ängste und Wünsche zu sprechen. Doch tue ich es nie. Vielleicht aus der Befürchtung heraus, nicht verstanden zu werden. Schon immer scheint ihm diese zweite Ebene zu fehlen. Diese zweite Ebene, durch die wir fast alle gelegentlich hindurchfallen, uns sammeln, und weitermachen. Stefan ist ein durch und durch logisch und sachlich denkender Mensch. Zumindest glaube ich das. Genau das schätze ich an ihm. Womöglich ist genau diese fehlende Dimension, die angenehme Klarheit seines Wesens, auch eine Grundlage für die Entwicklung unserer Freundschaft gewesen.

Stumm genießen wir den Abend an einem Ort, für den es keine Worte gibt, weil er sich die Worte genommen hat. Er redet auf uns ein, ganz nebenbei. Ein Gefühl, das ich bisher nur von der Geburt der eigenen Kinder kannte.

Mein ausgelaugter Körper beginnt zu frösteln. Das tagelange Energiedefizit fordert seinen Tribut. Normalerweise sind wir beide Öfen, die jeden Raum in kurzer Zeit erhitzen. Ich erinnere mich an unsere Play Station Nachmittage oder die Fußballduelle in meinem Kinderzimmer. Ich hatte ein Thermometer in Form einer Biene an der Wand. Innerhalb von einer Stunde konnte wir die Raumtemperatur um 3-4 Grad ansteigen lassen.

Zu später Stunde beschließt Stefan, in den eiskalten Pool zu steigen. Ich lasse es lieber und schaue ihm dabei zu, eingewickelt in eine uralte, nach Lavendel duftende Wolldecke von Ernesto. Wie eine wasserscheue Gottesanbeterin tentakelt er die Poolstufen hinunter. Ein wunderbarer Kontrast zu dieser anmutigen Natur im Hintergrund. Die schwarzen, noch schwach sichtbaren Hügel liegen unter uns wie der Grund des Meeres.

Die Wasseroberfläche des Pools, die eben noch wie ein leeres Blatt vor uns lag, scheint sich durch die Bewegungen nun mit Buchstaben zu füllen. Während Stefan sich langsam an die Kälte gewöhnt, bemerke ich, dass ich mein Handy seit der Ankunft in Bologna nur noch zum Filmen genutzt habe. Das mag nicht sonderlich spektakulär klingen, ist aber wahrscheinlich das erste Mal seit Jahren, dass ich fast einen ganzen Tag keine Zeit am Handy vergeudet habe. Pflichtbewusst schicke ein paar Fotos in die Heimat.

Stefan holt sich noch ein „Gute Nacht Bier" aus dem Kühlschrank und wir ziehen uns auf unser Zimmer zurück. Auf den Regalen stehen Bilderrahmen, die Ernesto zeigen. Auf manchen Fotos ist er etwa 20, auf anderen schon Mitte 40. Aber fast immer hat er einen riesigen Hund bei sich. Bilder von anderen Menschen gibt es nicht.

Wir kniffeln noch eine Runde. Zu meinem Erstaunen stelle ich fest, dass es mir, selbst in meiner völligen Erschöpfung, nicht egal ist, ob ich beim Würfeln verliere. Auch der toxisch männliche Drang, aus allem einen Wettbewerb zu machen, hat unsere Freundschaft seit jeher geprägt. Wir schaffen es, aus jeder Situation ein Spiel zu entwickeln. Einmal, wir müssen ungefähr elf gewesen sein, zerriss Stefan nach einer Niederlage sämtliche Spielkarten eines Skatblattes. Ich habe alle Einzelteile wie Trophäen an die Wand meines Kinderzimmers gehängt.

Nebenbei lassen wir den Tag Revue passieren, versuchen vorherzusagen, wie viele Stürze oder Reifenpannen wir in den kommenden Tagen haben werden. Wie oft wir uns wohl verfahren werden, wie viele Espressi ich trinken werde, wenn mein Magen wieder mitspielt.

Stefan steht ein letztes Mal auf, um sich noch ein Bier von unten zu holen. Während ich seit Jahren mehr oder weniger gar keinen Alkohol mehr trinke, trinkt er sein Bier schon immer wie Wasser. Es scheint einfach durch ihn hindurchzulaufen. Wenn ich an ihn denke, sehe ich ihn mit einem Bier in der Hand. Warum der Alkohol bei ihm keine Wirkung hat, bleibt ein Rätsel.

Nach einer letzten Partie Kniffel schalten wir das Nachtlicht aus, nicht ohne uns gegenseitig ein herzhaftes „Gucci notte" an den Kopf zu werfen. Schon immer habe ich Stefan um seinen Schlaf beneidet. Egal wo, egal wann. Er macht die Augen zu und ist sofort weg. Ich hingegen liege oft noch lange wach, wenn ich an neuen, ungewohnten Orten übernachte. Heute nicht.

Ich spüre die Abgeschiedenheit unseres Quartiers mit allen Sinnen. Hinzu kommt, dass die Alpen wie eine beruhigende Mauer zwischen mir und meinem Zuhause liegen. Fürchte ich mich vor dem, was ich Zuhause nenne? Kann man das Richtige im Falschen tun? Nein, das kann man nicht. Es ist so still, dass ich meinen gleichmäßigen Herzschlag höre. Das glättet die aufkommenden Wogen von Unruhe in mir. Gedankenlos falle ich in einen tiefen Schlaf.

2. Etappe

Castel del Rio - San Marcello Pistoiese

„Geradeaus kann man nicht sehr weit kommen."

Antoine de Saint-Exupéry

Noch bevor der Wecker klingelt, wachen wir zeitgleich auf.

„Buongiorno al forno" murmelt Stefan mit belegter Stimme.

Anerkennend nicke ich zur anderen Bettseite. Einen überbackenen guten Morgen – nicht schlecht. Ich schaue ungläubig aufs Handy: 9:15 Uhr. Fast zehn Stunden Schlaf. So viel habe ich seit Jahren nicht am Stück geschlafen.

Die Stille ist noch da. Kein Wind, kein Vogel, kein Motor. Ich schaue aus dem kleinen Fenster. Ernesto hängt große, weiße Laken auf. Dabei hält er immer wieder inne. Er macht einfach nichts. So wie die Frau im Zug nach Bologna. Knapp zehn Minuten braucht er am Ende für drei Wäscheteile. Dann schleicht er zurück ins Haus.

Ich wackle mühsam die enge Holztreppe hinunter. Meine Beine fühlen sich an, als wären sie mit Sand gefüllt. Ernesto hat uns ein fabelhaftes Frühstück bereitet. Als hätte er versucht, alle Klischees zu erfüllen, ist die *Bialetti* Herdkanne gerade am Blubbern, und ein paar undefinierbare, duftende Teigteilchen haben soeben den Ofen verlassen. Die Marmeladen, das Brot, sogar die Säfte – so ziemlich alles an diesem Frühstück ist selbstgemacht. Womöglich hat er auch das Geschirr selbst getöpfert.

Ich nippe an meinen ersten Kaffee seit fünf Tagen und blinzele der Sonne entgegen. Die dunkelbraune Nuss-Nougat-Creme wurde tatsächlich mit Haselnüssen von den hiesigen Hängen zubereitet und macht die ohnehin schon schmackhaften Teigteilchen zu einer Offenbarung. Ich möchte hier nicht weg. Ich möchte noch ein paar Tage an diesem unglaublichen Ort bleiben. Wunden lecken, zu Kräften kommen, und dann neu anfangen. Mit einem Körper, der bereit ist. Doch das ist nicht möglich. In acht Tagen muss ich spätestens zurück sein. Kinder wegbringen, im

Laden stehen, telefonieren, Kinder abholen, für sie kochen, einkaufen, Wäsche machen, und dabei Pläne für Zeiten schmieden, die womöglich sowieso nie kommen werden.

Ich würde zu gern wissen, wie Ernestos Plan aussieht. Ob er Angehörige oder Freunde hat, die ihn hier oben gelegentlich besuchen, oder ob sich sein soziales Leben ausschließlich auf das Internet und die wenigen Gäste, die es bis hier oben schaffen, begrenzt.

Während wir frühstücken, schnappe ich einige Fetzen von Ernestos Telefonat im Büro auf. Mein italienisch, das ausschließlich auf einem akzeptablen Spanisch, Fußball und Eros Ramazzotti basiert, reicht immerhin aus, um immer wieder Halbsätze zu verstehen. Er scheint mit einem alten Bekannten zu telefonieren. Ernesto gibt ihm Ratschläge und fordert ihn auf, irgendetwas zu beenden. Es ist ein hitziges, politisches, aber nicht aggressives Gespräch. Immer wieder fällt der Name *Meloni*. Ernesto scheint, milde ausgedrückt, kein Fan von Italiens Ministerpräsidentin zu sein.

„Fascista!", und „la fine della democrazia" zischt es aus Ernestos Büro.

Meine sowieso schon enormen Sympathien erreichen einen neuen Höhepunkt. Übergangslos springt das Gespräch zum *Calcio*, dem Fußball, was hier in Italien sowieso untrennbar von Politik und Wirtschaft ist. Ernesto gratuliert seinem Bekannten spöttisch zur erneut verpassten Meisterschaft von Juventus Turin.

Bevor wir uns auf den Weg machen, möchte ich noch in den am Morgen noch etwas kälteren Pool steigen. Ich tunke vorsichtig den Fuß ein, registriere den leichten Schmerz, doch nehme ihn nicht wirklich als echten Schmerz wahr. Womöglich hat sich meine Schmerzakzeptanz durch den gestrigen Tag so dermaßen verschoben, dass kleine Alltagsüberwindungen wie diese keine echte Hürde mehr darstellen. Dennoch gehe ich nur langsam tiefer hinein, benetze die Arme mit Wasser und lasse mir für die bei mir kälteempfindlichste Stelle, den unteren Bauch, besonders viel Zeit.

Nach zwei Minuten habe ich genug. Ich trockne mich ab, wieder erstaunlich langsam. Habe ich mein Verhalten so schnell an die Umgebung angepasst? Oder ist es Ernestos Langsamkeit, die auf mich abfärbt, wie ein benutzter Pinsel, den man in frisches Wasser taucht? Meine Haut ist rot. Ich genieße das Gefühl, am ganzen Körper von 1000 winzigen Nadeln gepiepst zu werden. Ich nehme mir vor, diese Langsamkeit für den Rest der Reise beizubehalten, ohne tatsächlich an die Umsetzung dieses Vorhabens zu glauben. Die Rastlosigkeit und Schnelligkeit, mit der ich schon so lange durch mein Leben gehe, ist Stärke und Schwäche zugleich. Viel zu schaffen und belastbar zu sein, ist großartig. Doch der Wunsch, zumindest alle paar Wochen mal auf dem Sofa zu sitzen, das Nichtstun zu genießen und sich Zeit zum Zeit verschwenden zu nehmen, ist riesig. Noch fehlen mir dazu die Werkzeuge.

Wir packen unsere Fahrradtaschen. Ich bin nach zehn Minuten fertig. Da Stefan erneut einen großen Teil meiner Ausrüstung übernimmt, braucht er fast 45 Minuten, um mit Bändern und Schnallen das Equipment sicher zu befestigen. Ich nutze die Zeit, um Ernesto in seinem Büro aufzusuchen. Die Tür steht halboffen. Im Flur muss ich mich zwingen, weiterzugehen, ihn nicht heimlich zu beobachten. Fokussiert starrt er auf seinen Computerbildschirm, während er bedächtig an einer riesigen Tasse nippt. Über seinem Kopf hängen metallene Gegenstände und alte Landkarten. Er begrüßt mich überschwänglich, als hätten wir uns wochenlang nicht gesehen. Mein in seinen Augen etwas zu üppiges Trinkgeld lehnt er vehement, aber freundlich ab. Im Augenwinkel sehe ich riesige Uniformen und mehrere Glasvitrinen in verschiedenen Größen. Ich spüre eine undefinierbare Nervosität in mir aufsteigen. Ernesto, der jede noch so kleine Schwingung wahrzunehmen scheint, weiß sofort was zu tun ist.

„Schau dich ruhig um!"
Er folgt aufmerksam meinen Blicken und erklärt jede Ecke des Zimmers bis ins kleinste Detail. Hakenkreuze auf Uniformen, Notizbüchern, Tüchern. Überall. Dazu Tassen, Zeitungen, Metallkugeln.

„Alles hier ist echt. Ich habe schon als Kind angefangen, zu sammeln."
Ich kann meine Irritation offensichtlich nicht verbergen. Ernesto lächelt.
„Ich weiß. Ihr Deutschen findet es seltsam, wenn jemand solche Sachen zu Hause hat. Es ist mir wichtig, nicht zu vergessen. Die Menschen sind verrückt. Sie werden es immer sein."
Es klingt wie eine Warnung.
„People are crazy. They will always be."

Ich fühle mich gezwungen, etwas zu antworten.
„Du hast recht. Ich würde nur nicht jeden Tag daran erinnert werden wollen", sage ich nur.
Es tut gut, nicht das Gefühl zu haben, sich noch weiter rechtfertigen zu müssen. Ernesto scheint es genauso zu gehen.
Wir sind startklar. Mir graut es vor den nächsten Stunden. Knapp 110 Kilometer sind es bis zu unserem heutigen Zielort San Marcello Pistoiese. Fast doppelt so weit wie gestern, dazu dreimal so viele Höhenmeter. Drei endlos lange Anstiege. Im Zustand von gestern hätte ich definitiv keine Chance. Von daher bleibt die Hoffnung, dass die gestrige Lasagne, der tiefe Schlaf und das gute Frühstück ein paar Lebensgeister geweckt haben.
Den Abschied hält Ernesto für seinen Instagram Kanal fest. Er warnt uns noch vor den ersten Metern. 25 Grad Gefälle. Durchaus sinnvoll, da ich keine wirkliche Erinnerung mehr an die letzten Minuten der gestrigen Zielankunft habe. Wie am Balken einer Skisprungschanze stehen wir da mit unseren Rädern. Ohne zu wissen, ob unsere Bremsen

wirklich gut genug sind, um unversehrt unten anzukommen. Sofort steigt Adrenalin in meinen geschundenen Körper.

Wir rollen den Hang hinunter, schnell schmerzen die Finger vom Druck auf die Bremshebel. Durch das geringere Gewicht und die anscheinend etwas neueren Bremsen tue ich mich ein wenig leichter an den steilen Abhängen. Vorsichtshalber steigen wir an den steilsten Abschnitten ab und schieben. Nach 20 Minuten haben wir den Weg zurück ins Tal absolviert und können losrollen. Die ersten Meter fühlen sich gut an. Kein Schüttelfrost. Die Energie der zwei Mahlzeiten seit gestern Abend scheint mein Körper angenommen zu haben.

Ein unscheinbares Schild am Straßenrand markiert den Grenzübergang zur Toskana. Durchaus ein feierlicher Moment für mich, schließlich übt die Toskana schon lange eine tiefe, fast mystische Anziehung auf mich aus. Wie alles, was man als Kind geliebt, und dann nie wieder gesehen hat.

An einer recht neu asphaltierten, sich gehorsam an einen Felsen schmiegenden Straße werden wir von einer überflüssig scheinenden Baustellenampel gestoppt. Überflüssig, weil es einfach keine Baustelle gibt. Selbst die einsame Ampel der Gegenseite ist knapp 200 Meter entfernt zu sehen. Kein Auto. Nirgends. Wir halten trotzdem, wie es gute Deutsche nun mal tun. Dann fällt er uns fast gleichzeitig ins Auge: Auf der Ampel begrüßt uns breit grinsend der junge Thomas Gottschalk in Form eines Aufklebers.

Ich versuche, die einigermaßen ebenen Asphaltstraßen ohne Gegenwind als aktive Erholung zu nutzen. Gestern fror ich trotz langer Hose und Windjacke. Heute spüre ich den italienischen Frühling mit voller Wucht. Die ersten warmen, sonnigen Tage machen mich jedes Jahr unruhig und schwermütig zugleich. Die langen Schlangen vor den Eisbuden, das Vogelgezwitscher, Leute auf Decken im Park.

Was im Sommer eine großartige Sache sein kann, ist im Frühling für mich nur schwer zu ertragen. Wobei es nicht die Menschen oder die Vögel sind. Es ist das Licht und, wie so oft, der Geruch. Wie eine verdrängte Erinnerung, die sich in diesen Tagen immer wieder wie ein Netz auf mich legt. Hier in der Toskana scheint dieses Gefühl noch stärker als in der Heimat zu sein.

Der erste von drei langen Anstiegen hat begonnen. Bergauf gibt es kein Durchmogeln mehr. Kein Rollenlassen. Keinen Windschatten von Stefan. Sofort schwindet wieder jegliche Zuversicht. Mein Körper schimpft. Der brennende Darm verkrampft sich. Der kalte Schweiß kehrt zurück.

Ich versuche, in der Krankheit einen Sinn zu sehen. Eine tiefere Ebene. Wäre dieser lang ersehnte Trip ohne diesen Magen-Darm-Virus zu oberflächlich gewesen? Nur ein lustiges Wettrennen zwischen zwei gut alternden Enddreißigern, die dem Alltag entfliehen möchten?

Ich denke an den bisher einzigen Urlaub mit Stefan zurück, der vergleichbar wäre: Jakobsweg 2006. Wochenlanges Hochleistungswandern. Oft mehr als 40 Kilometer am Tag. Wir waren 20, waren unbesiegbar und schneller als alle anderen Pilgernden. Nur wollte sich niemand mit uns messen. Die Menschen laufen diesen Weg, um sich (oder Gott) zu finden, um Dinge zu verarbeiten. Eventuell auch, um mit anderen Pilgernden ins Gespräch über Gott und die Welt zu kommen. Wir haben den Weg bearbeitet wie einen Einkaufszettel. Berauscht von der eigenen Leistungsfähigkeit. Laufen. Lachen. Essen. Schlafen. Wir wollten es genauso.

Ist diese Reise samt Krankheit nun vielleicht die Antwort darauf? Vielleicht auch so etwas wie eine Strafe für unsere Überheblichkeit, dem Weg und den Pilgernden gegenüber? Oder eine persönliche Weiterentwicklung, die zwingend schmerzhaft sein muss? Nein, ich möchte hier nicht wachsen. Wachsen ist immer schmerzhaft, immer anstrengend. Ich möchte einfach sein.

Viele Stunden auf einem Fahrrad führen zu seltsamen Gedanken. Viele Stunden krank auf einem Fahrrad scheinen einem Drogenrausch gleichzukommen.

Stefan ist längst drei Serpentinen weiter aus meinem Sichtfeld verschwunden. Hier muss jeder sein eigenes Tempo finden. Meines wird der Bezeichnung Tempo nicht wirklich gerecht. Es ist eher ein möglichst nicht stehenbleiben und zur Seite kippen. Acht Kilometer schlängelt sich die Straße bei steigenden Temperaturen den Berg hinauf. Würde hier jemand am Straßenrand einen Stand aufbauen und mit einem harmlosen Lächeln EPO-Spritzen verkaufen – ich würde sicher zuschlagen.

Was habe ich erwartet? Dass ich mich über Nacht von einem einigermaßen überstandenen Magen-Darm-Virus erhole, nachdem ich mich gestern noch sechs Stunden auf dem Fahrrad gequält habe? Mein Körper ist jedenfalls eingeschnappt. Zurecht. Ich versuche, mich bei ihm zu bedanken. Dafür, dass ich überhaupt noch hier bin. Dafür, dass er wieder mit der Nahrungsaufnahme begonnen hat. Dafür, dass er mir nicht einfach den Hauptschalter ausknipst.

Zum ersten Mal seit der Fahrt seit Bologna stecke ich mir die Kopfhörer in die Ohren und höre die extra für die Fahrt zusammengestellte Playlist. Musik bleibt ein legales Dopingmittel ohne Nebenwirkungen. *Society* von Eddie Vedder, dann *Unstoppable* von Sia. Schließlich *Zukunft Pink* von Peter Fox, und schon bilde ich mir ein, Energie zu haben. Wenn man nicht stark ist, reicht es manchmal schon, sich die eigene Stärke einzubilden. So komme ich irgendwann oben an und merke es kaum, so vertieft bin ich in die Musik, den Rhythmus meiner Tritte und die eigenen Gedanken.

Wir streifen uns die Windjacken über, essen die trocken Olivenbrote, die wir unterwegs gekauft haben, und genießen die Sicht. Selbst hier oben weht kaum ein Lüftchen.

Die dunklen Schatten der Schönwetterwolken ziehen träge durchs Tal.

Auf der langen Abfahrt bekommt mein bröckelndes Selbstbewusstsein erstmalig auf dieser Reise einen winzigen Schub, denn ich merke, dass ich ein guter Abfahrer bin. Vielleicht habe ich durch die etwas besseren Bremsen auch einen kleinen Materialvorteil, doch es tut äußerst gut, auf dem Weg ins Tal ein paar Sekunden auf Stefan rauszufahren, dann kurz die Beine zu entspannen, und einfach nur rollenzulassen. Die Konzentration dennoch in jeder Sekunde zu halten, fällt nicht leicht. Knapp 70 km/h erreichen wir in der Spitze, trotz unseres Gepäcks. Im Tal angekommen, lassen wir kurz den Blick über den Stausee schweifen. Wie man schon beim Ausblick vom ersten Gipfel erahnen konnte: Heute warten nur noch steile Anstiege und waghalsige Abfahrten auf uns.

Der zweite Anstieg baut sich langsam vor uns auf. Er führt durch ein kühleres Waldstück. Stefan ist schnell wieder außer Sichtweite. Nichts bewegt sich. Der Wald ist stumm und duftet vor sich hin. Ich stecke mir wieder die Kopfhörer in die Ohren und versuche, nicht stehenzubleiben. Sofort beginnen meine Gedanken zu springen. Völlig ansatzlos schießen mir Erinnerungen in den Kopf.

Der kleine Junge, der alleine Brötchen kauft, und in seinem Kopf immer wieder den einen italienischen Satz wiederholt. Der kleine Junge, der sich nach dem Aufwachen im stickigen Zelt die Gesichter der fremden Familie vorstellt, die eine paar Plätze weiter auf ihren Isomatten beim Frühstück sitzt und unnötig laut den Urlaubstag plant. Wie der Junge ein paar Minuten später den Reißverschluss öffnet. Wie die frische Frühlingsluft seine Lungen durchströmt und er die Angst vorm Frühling schon damals spürte.

Ich halte kurz an, pinkle an einen Baum und fühle mich dabei beobachtet. Als würden die Bäume nur darauf gewartet haben, dass sich endlich etwas bewegt. Instinktiv nehme ich die Kopfhörer raus. Womöglich in der Erwartung, einer der Bäume versucht mich jeden Moment in ein Gespräch zu verwickeln. Ich nehme den hier überflüssigen Helm ab, befestige ihn an meinem Lenker und fahre weiter. Wieder kommen längst vergessene Erinnerungen zurück. Wie altes Spielzeug, das man auf dem Dachboden gefunden hat.

Kraft
Sommer 2000

Dieses Mal sollte es ausnahmsweise die Provence sein.

„Italien hatten wir doch schon viel zu oft", meinte die Mutter.

Er war 14 und sie fuhren mit knapp 20 Erwachsenen in ein großes Ferienhaus im Niemandsland. Er war das einzige Kind. Die große Schwester durfte schon selbst entscheiden, ob sie mitmöchte, und lehnte dankend ab.

Lange Spieleabende, Kochen in großen Töpfen mit reichlich Knoblauch und tagsüber Outdoorsport – so liefen die meisten dieser Urlaube ab. Er genoss es mittlerweile. In diesem Jahr war das Rennrad unter den Männern in Mode gekommen. Er hatte sein knallgelbes Mountainbike dabei und musste mitfahren. Die kleine flache Rundfahrt am ersten Tag überstand er recht gut. Er verstand, was Windschatten bedeutete und merkte, dass die tägliche Fahrt zur Schule und zurück durchaus ein gutes Grundlagentraining gewesen war. Dass er deutlich zu klein und zu dünn für sein Alter war, schien dabei kein Nachteil zu sein. Am zweiten Abend, während des Essens lief im Hintergrund das EM-Finale zwischen Frankreich und Italien, einigten sich die Männer nach langer Diskussion auf ein großes Ziel für den nächsten Tag: den Mont Ventoux. Google und YouTube gab es noch nicht. So konnte er sich ausschließlich von den Erzählungen der Männer ein Bild machen.

„Legendärer Berg der Tour de France."
„22 Kilometer bretthart bergauf."

„Fast 2000 Höhenmeter, da trennt sich die Spreu vom Weizen."

„Hölle der Provence."

Man geizte nicht mit Superlativen. Selbst die sonst so antreibende Mutter bot ihm besorgt an, darauf zu verzichten und den Tag im Haus zu verbringen. Womöglich war es genau das, was ihn schließlich dazu bewog, am nächsten Morgen auf sein gelbes Fahrrad zu steigen und mitzufahren. Vielleicht war es aber auch das statuenhafte Gesicht von Zinedine Zidane, der majestätisch den silbernen Pokal in den Nachthimmel von Brüssel reckte.

Schon am späten Vormittag knallte die Sonne erbarmungslos auf den Asphalt. Während die Männer am Abend zuvor noch redselig waren, herrschte bei der flachen Anfahrt zum Berg Stille. Jeder schien mit sich selbst beschäftigt zu sein. Der Respekt vor dem Berg war groß. Diese Stille beruhigte sein unnötig schnell schlagendes Herz auf seltsame Weise.

Bald konnte man ihn sehen, diesen sagenumwobenen Berg, der pyramidenartig dort in der Ebene thronte. Wie ein Berg, der sich vor langer Zeit hierher verlor und irgendwann damit abgefunden hatte. Gemeinsam mit acht Männern fuhr er in den Anstieg. Schon nach drei Kurven rissen erste Lücken zwischen ihnen. Er war froh, nicht als Erster abreißen lassen zu müssen.

Er musterte die anderen Gesichter. Der eine war hochrot und atmete schwer. Einem anderen tropfte der Schweiß vom Körper, so dass er Spuren auf dem Asphalt hinterließ. Der erste von 22 Kilometern war geschafft. Noch konnte er sich nicht vorstellen, jemals dort oben anzukommen. Doch die Angst war erstmal weg.

Nach fünf Kilometern war man nur noch zu viert. Er konnte es nicht fassen. Schon fünf Männer hatten den Anschluss nicht halten können und waren bereits außer Sichtweite. Immer wieder ging er aus dem Sattel, um den Schmerz ein wenig zu verlagern.

Mit jedem der bunten Kilometersteine am Straßenrand wuchs der Glaube an den eigenen Körper.

Bei Kilometer Acht konnten seine Augenbrauen dem Schweiß nicht mehr Stand halten und er spürte ein angenehmes Brennen in den Augen. Dann wieder ein besonders steiles Teilstück. Erneut ging er aus dem Sattel, fuhr unbeabsichtigt ein paar Meter voraus, und drehte sich um. Zwei weitere Männer waren am Ende ihrer Kräfte. Der eine fluchte, der andere fuhr Schlängellinien, um etwas weniger Steigung gegen etwas mehr Strecke zu tauschen.

Nun war nur noch der lange, schlanke Ralph an seiner Seite. Ein wortkarger Typ mit einer auffällig großen Brille und dichtem schwarzen Haar. Noch sah Ralph gut aus. Sie wechselten kein Wort. Ralphs Oberkörper wog bei jedem Tritt stark hin und her.

Bei Kilometer Elf passierte es: Wieder trat er in einer sehr steilen Passage etwas schneller in die Pedale. Zwischen ihm und Ralph klaffte eine kleine Lücke. Er drehte sich immer wieder um. Ein letzter Blickkontakt. Ralph winkte ab, reckte den Daumen nach oben und versuchte unter Schmerzen zu lächeln.

Er war allein. Nur noch er und dieser Berg. Gelegentlich überholten ihn Autos. Die meisten hupten rhythmisch oder feuerten ihn durch das offene Fenster an. Er fürchtete sich vor ihnen, doch gleichzeitig wuchsen ihm Flügel, während er die Jubelschreie hörte. Sein Herz raste und das fühlte sich richtig an. Er hörte das Blut unter der Schädeldecke rauschen. Mit jeder Kurve glaubte er mehr, dass dieser Berg sein Freund war. Niemand, den es zu bezwingen galt. Es machte ihm in keiner Sekunde Spaß, es blieb eine Quälerei. Doch er genoss das ihm unbekannte Gefühl der Überlegenheit. Er stellte sich die hechelnden, schwitzenden Männer weiter unten vor. Wie sie sich über den schmächtigen Vierzehnjährigen mit den Rehaugen ärgerten.

Es wurde stiller und stiller. Kaum noch Vegetation neben der Straße. Die saftigen Wälder wichen mehr und mehr einer kargen Mondlandschaft. Bei Kilometer 16 sah er die ersten Blitze der Erschöpfung. Seine Wasserflasche war leer.

Er verlor jegliches Gefühl für Raum und Zeit. Hier war niemand. Ein Greifvogel, es musste ein Adler gewesen sein, kreiste einige Minuten über ihm, schrie seine Einsamkeit heraus, und verschwand wieder im Blau des Himmels.

In der Höhe war es nun deutlich kühler und von Zeit zu Zeit wehte ein starker, taktloser Wind. Hier, oberhalb der Baumgrenze, boten sich immer wieder spektakuläre Ausblicke. Er hatte das Gefühl, ganz Frankreich unter sich zu haben. Er würde nicht aufhören, bis er ganz oben angelangt war.

Dann war es so weit. Der raketenartige Gipfelturm war in Sichtweite. Er fuhr nur noch im Stehen. Der Turm mit seiner rotweißen Spitze wurde größer und größer, schließlich war er am Ziel.

„Sommet du Ventoux", stand dort auf einem unscheinbaren Blechschild. Er hatte den Berg nicht bezwungen. Er hatte seine Regeln verstanden.

Er ließ sein gelbes Mountainbike zur Seite kippen und setzte sich auf eine verschlissene Holzbank. Seine Lippen waren spröde und bluteten leicht. Die Sonne, das Salz und der Wind hatten ihnen zugesetzt. Er kramte einen Nussriegel aus seiner Tasche, während des Anstiegs hatte er nie Hunger verspürt. Er biss hinein und kaute. Ein kleines Stück seiner Zahnspange brach heraus. Das war der Moment. Dieser eine Moment. Genau in diesem Moment wusste er es.

Es war die einfachste Erkenntnis, die er jemals hatte und es fühlte sich an, als hätte er einen Sonnenschirm aufgespannt: Er war etwas Besonderes. Er würde niemals dazugehören. Er würde immer ein Stück abseits stehen und zusehen. In seinem Kopf würde er immer allein bleiben und genau das wollte er. Er war etwas Besonderes.
Nur auf das *Was* sollte er nie eine Antwort bekommen.

Wir erreichen den zweiten Gipfel des Tages. Stefan wartet schon seit 15 Minuten auf mich. Wieder meldet sich mein Körper unüberhörbar. Wieder ignoriere ich ihn mit schlechtem Gewissen. Sobald ich mich etwas weiter nach vorn beuge, bekomme ich Krämpfe im Darm und das Sodbrennen geht mittlerweile gar nicht mehr weg.

Nach der nächsten langen Abfahrt haben wir etwa 75 der 110 Kilometern absolviert. Wir folgen dem Garmin blind, ein enger holpriger Waldweg führt minutenlang in ein Tal und wird mit jedem Meter weniger passierbar. Schließlich endet er an einem Fluss. Wir tragen die Fahrräder durch das Flussbett, in der Hoffnung, so etwas wie eine Fortsetzung des Weges zu finden. Nichts.

Während wir eine halbe Stunde schweigend zurück, hinauf zur Straße schieben, was auf diesem Terrain nicht weniger anstrengend als ein steiler Anstieg auf Asphalt ist, denke ich zum ersten Mal daran, aufzugeben. Mir einfach im nächstbesten Ort ein Quartier zu suchen und dort so lange zu bleiben, bis ich bereit für die Weiterfahrt bin oder einfach den Zug Richtung Heimat buche.

Gleichzeitig weiß ich, dass ein Teil von mir nicht zulässt, diesen Schritt zu gehen. Die Scham wäre zu groß. Nichtstun oder etwas nicht beenden wurde in meinem Kopf vor langer Zeit als Stillstand und Schwäche abgespeichert, als vergeudete Zeit. Wäre es dann nicht die größte Auflehnung, einfach aufzugeben? Wem will ich als fast vierzigjähriger Mann hier irgendetwas beweisen? Der einzige echte Verbündete bleibt doch mein Körper. Wenn es jemand verdient hat, über mich bestimmen zu können, dann doch er, der mich seit mehreren Jahrzehnten gesund und belastbar durchs Leben trägt. Welcher Teil von mir weigert sich also,

aufzugeben? *Nur wer etwas leistet, kann geliebt werden.*
Dieser Satz hat sich in mein Fleisch gebrannt, obwohl ihn
niemand jemals vor mir ausgesprochen hat.

Wir rollen weiter. Ich habe den Glauben daran verloren,
heute noch unseren Zielort zu erreichen. Wenn das Leben
wirklich wie ein Scrabble Spiel ist, habe ich gerade nur Yp-
silons auf meinem Plastikbänkchen. Zeit, das Spielfeld mit
einer Armbewegung abzuräumen, kurz eingeschnappt zu
sein, und dann die UNO-Karten auszupacken. Doch ich
bleibe sitzen.

Der dritte und letzte Anstieg beginnt. Wir haben uns entschlossen, bis San Marcello Pistoiese nur noch der Asphalt-
route zu folgen, um nicht noch einmal im Dickicht zu enden. Wieder geht es durch stille Wälder. Salbeiduft drängt
sich uns auf. Stefan hat ein feines Gespür dafür, wann es
angebracht ist, mich einfach nicht mehr anzusprechen. Ich
möchte mit mir und meiner Schwäche allein sein. In den
ersten Kurven des Anstiegs bleibe ich noch an Stefans Hinterrad. Dann verliere ich erneut den Anschluss, ohne es zu
merken. Ich fummle meine Kopfhörer aus der Lenkertasche. Wieder ist es die Musik, die ein paar versteckte Kraft-
reserven freisetzt. Durch die instrumentalen Klänge von
Mogwai fühle ich mich neben mir stehend. Und was gibt es
Besseres als den Körper zu verlassen, wenn man Schmerzen hat? Ich sehe mich den Berg hochfahren, merke, wie
ich versuche, im Gesicht keinen Muskel anzuspannen, um
dort nicht auch noch Energie zu investieren. Schließlich
schaltet auch mein Hirn in den Energiesparmodus und be-
schränkt sich auf lebenserhaltende Maßnahmen.

Wir sind oben. Der letzte Gipfel ist erreicht. 92 von 110
Kilometern sind absolviert. Instinktiv möchte ich gleich
weiterfahren. Wieder beginne ich zu frösteln. Die letzte
Abfahrt verlangt meinem Kopf nochmal alles ab. Es ist fast
unmöglich, die Konzentration zu halten.

Dann passiert es doch: Viel zu schnell fahre ich in eine scharfe Linkskurve. Eine Bodenwelle schiebt mich noch weiter nach außen. Der Rest sind Reflexe. Ich komme von der Straße ab, stehe bremsend in den Pedalen. Beide Reifen blockieren und heulen auf. Ich sehe Wiese und Büsche und komme schließlich zum Stehen. Erst jetzt kommt das Adrenalin. Es lässt das Grün um mich herum viel intensiver leuchten. Was wäre passiert, wenn hier, wie an vielen Stellen dieser Abfahrt, einfach eine Leitplanke samt Abhang oder nur ein paar Bäume stehen würden? Ich lache laut vor Angst. Mit rund 60 km/h von der Straße abkommen, geht nicht allzu oft gut. Vorsichtig fahre ich weiter, das Geräusch der Bremsen wie ein Hilfeschrei im Ohr. Im Tal wartet Stefan auf mich. Das Zittern lässt ganz allmählich nach.

Die Dunkelheit erobert langsam den Himmel und Stefan geht allein in einen kleinen Markt, um uns für den Abend in unserem Quartier einzudecken, während ich draußen die Räder bewache. Wohlwissend, dass ich nicht mehr in einem geschäftstüchtigen Zustand bin. Durch die große Glasscheibe sehe ich ihn vergnügt mit dem Korb unterm Arm durch den Laden flanieren. Ein Kilo Nudeln, Zwiebeln, Knoblauch, Basilikum, Parmesan, Cola, zwei Sixpacks Bier und eine Packung Kekse. Er jubelt mir zu. Mit gekonnten Handgriffen verstaut er die Einkäufe anschließend in seinen ohnehin schon prallgefüllten Radtaschen. Noch 13 Kilometer.

Der Abend hat sich in Fahrtrichtung mittlerweile in ein sattes Schwarzblau gehüllt, während hinter uns der violett leuchtende Himmel von Kondensstreifen durchzogen wird. Wir bringen unsere kleinen LED-Lichter am Rahmen an. Eine letzte, von Schlaglöchern übersäte Straße schüttelt uns durcheinander. Stefan macht sich Sorgen um den Zustand seines Bieres. Die Zikaden in den Büschen scheinen uns anzufeuern. Ich bin mir sicher, dass sie hier um einiges lauter als in Deutschland singen.

Endlich erscheinen die Umrisse von San Marcello Pistoiese am Horizont. Was für ein Anblick im Halbdunkel! Die Dächer scheinen tuschelnd ihre Köpfe zusammenzustecken. Der Kirchturm wacht geduldig über ihnen. Im Hintergrund bereiten sich die Berge schon auf die Nacht vor. Wir rollen durch die finsteren Straßen des Örtchens, auf der Suche nach unserer Unterkunft. Die letzten Meter schieben wir durch die steilen, engen Gassen. Bald finden wir das uralte, ausladende Steinhaus mit der Nummer 54. Der Schlüssel wurde für uns hinter den morschen, dunkelgrünen Fensterläden versteckt. Unsere Räder passen gerade so durch die enge Eingangstür.

Wir haben es tatsächlich geschafft. Mehr als zehn Stunden waren wir unterwegs. Sind gerollt, geklettert, haben geschoben und getragen. Ich lasse mich auf das alte, von Motten zerfressene Sofa fallen und wickle mich in mehrere Wolldecken. Stefan springt unter die Dusche und beginnt anschließend sofort, durch die Küche zu wirbeln. Er ist, um es nett auszudrücken, kein Gourmet, stillt seinen Hunger gern mal mit zwei Tüten Gummibärchen oder trinkt einen Liter Cola gegen den Durst. Wenn er kocht, ist es in der Regel von allem zu viel. Wie ein Krake jongliert er durch die Küche und redet dabei ohne Pause. Immerhin bezeichnet er den Tag auch als „anstrengend". Vielleicht auch nur mir zuliebe.

Eine Erkenntnis des heutigen Tages: Ich habe ein echtes Problem damit, Hilfe anzunehmen. Gestern und heute hatte ich keine Wahl. Denn ohne Stefans „Gepäckübernahme", ohne seine blöden Witze, ohne seine Anfeuerungen und nicht zuletzt ohne seinen Windschatten hätte ich keine Chance gehabt. Ich habe es über mich ergehen lassen. Auch wenn dieser Kontrollverlust nur schwer zu ertragen war.

20 Minuten später stehen zwei riesige Teller Spaghetti auf dem Tisch. In der wässrigen Tomatensauce tummeln sich halbe Knoblauchzehen und Zwiebelringe, bedeckt von einem Parmesanberg, der wie eine Sandburg auf dem Teller thront. Es schmeckt hervorragend. Zwar brennt meine

Speiseröhre, doch spüre ich, wie mein Magen die Mahlzeit gut annimmt. Keine Übelkeit, keine Krämpfe. Nach solch einer Strapaze gibt es nichts, was so glücklich machen kann, wie ein einfaches Gericht. Mit einem Pfund Nudeln im Bauch überwinde ich mich doch noch zu duschen und hüpfe danach so schnell wie möglich zurück unter meine Wolldeckenlasagne.

Wieder packen wir die Kniffelwürfel aus. Doch heute ist sogar mein Siegeswille vor Erschöpfung erloschen. Während Stefan später noch die morgige Route nach Florenz plant und die Kekse vor sich hin knuspert, bin ich unfähig, die Arme unter den Decken hervorzuholen.

Ich glotze lethargisch an die Wände unserer Unterkunft, die vor 30 Jahren sicher ganz genauso ausgesehen hat. Das grelle Deckenlicht blendet mich. Nachttischlampen gibt es nicht. In diesem Moment gibt es keine Vergangenheit und keine Zukunft. Allerdings auch keine echte Gegenwart – ein wunderbarer Zustand. Jeglicher Gedankengang wäre viel zu anstrengend und würde im Nichts enden.

„Gucci notte", höre ich es noch von weither rufen. Dann wird es dunkel und still.

3. Etappe

San Marcello Pistoiese - Florenz

*„Ich weiß auch noch nicht wohin wir gehen.
Ich bin schon froh, dass es noch Wege gibt, dass ich
noch einmal auf Bewährung draußen bin und dass wir
beide auf zwei Beinen stehen."*

Element of crime

Ich öffne die schweren, quietschenden Fensterläden. Das Licht der grellen Morgensonne strömt herein, wie ein junger, aufgeregter Hund. Mit zusammengekniffenen Augen schaue ich ein paar Minuten nach draußen. Eine zerzauste braune Katze läuft träge die Mauer vor unserem Haus entlang, registriert mich, und schaut abfällig weg.

„Buongiorno al forno!"
Stefan schaut auf sein Smartphone und beginnt zu sprechen, als hätte der achtstündige Schlaf nie stattgefunden.

„Nur 68 Kilometer bis Florenz heute. Fast nur Asphalt und nur am Anfang ein paar Höhenmeter. Dazu strahlender Sonnenschein den ganzen Tag. Geil!"

Zum ersten Mal packe ich meine Sachen ohne Angst. Heute übernimmt Stefan nichts von meinen Habseligkeiten. Nein, ich freue mich nicht, gleich auf dieses Fahrrad zu steigen. Aber das Vertrauen in den Körper ist zurückgekehrt. Andersrum bin ich mir da nicht so sicher. Mein Körper muss nach den letzten Tagen jegliches Vertrauen in mich verloren haben.

Während Stefan noch mit der Packerei beschäftigt ist, beschließe ich, eine Runde durch den Ort zu drehen, um irgendwo einen Espresso zu trinken. Auf gut Glück gehe ich durch die schattigen Gassen. Nach ein paar Minuten erreiche ich den Marktplatz. Weit und breit ist kein Mensch zu sehen. Eine Bar namens *Baccarini* hat geöffnet. Der kleine, bauchige Barista trocknet Gläser und summt zu den italienischen Schlagern, die aus den Boxen dröhnen. Über seinem makellosen weißen Hemd trägt er eine scheinbar maßgeschneiderte, schwarze Weste. Auf der Brusttasche steht in schnörkeliger Schrift *Giuseppe Marzano*.
Den eigenen Namen auf der Kleidung tragen – was bei Hans Jürgen Kowalski aus Wuppertal einfach unangenehm

wäre, hat hier definitiv Stil. Mit geübten, tausendfach wiederholten Handgriffen wuselt Guiseppe an der Siebträgermaschine.

Ich setze mich mit meinem Espresso auf einen Klappstuhl vor der Tür und lasse meinen Blick über den verwaisten Marktplatz schweifen. Das schaumige Tässchen leert sich viel zu schnell. Mit dem winzigen Löffel versuche ich auch den letzten Milliliter aus dem Porzellan zu kratzen. Wie kann so viel Aroma in einem Tropfen stecken?

Es fällt mir schwer, zu entspannen. Wie immer in solchen Momenten sehe ich mich von außen und schaue mir beim Spielen zu. In diesem Fall spiele ich den Espresso schlürfenden Touristen. Doch ich gefalle mir in dieser Rolle. Ich greife zu meinem Handy und lege mir mit *DeepL* ein paar italienische Sätze zurecht, um für den Small Talk mit Giuseppe gewappnet zu sein. Wie ein Endfünfziger, der mit seiner Frau Simone und ein paar Bekannten zu „seinem" Italiener geht, um dort mit den wenigen Brocken italienisch von der Abendschule zu prahlen.

„Gracie, molto gustoso!", parliere ich souverän und stelle die leere Tasse auf den Tresen.

Kardinalsfehler unter Touristen, wenn man die Sprache nicht wirklich beherrscht: zu gute Aussprache. Mein womöglich etwas zu akzentfreier Satz lässt Giuseppe zu Höchstform auflaufen. Er beginnt seinen Auftritt mit „mostrerò qualcosa" und fingert ein paar Kaffeebohnen aus der Mühle, die er mir direkt unter die Nase hält. Dem Rest seines Vortrags kann ich nur schwer folgen. Die Bohne selbst scheint für ihn wohl das Geheimnis zu sein. Er nennt sie „diva complicata, ma la donna più bella del mondo". Ich nicke erkenntnisschwanger und versuche, mich vergeblich auf den Weg zu machen. Da er anscheinend davon ausgeht, dass ich fließend italienisch spreche, fragt er ansatzlos:

„Cosa ci fai qui a San Marcello Pistoiese?"

Was ich hier mache? Diese Frage wäre nach zwei Tagen Tortur auf dem Fahrrad selbst auf deutsch schon schwierig zu beantworten. Auf italienisch reihe ich hilflos ein paar Substantive aneinander:

„In bicicletta, Bologna, Firenze, Siena, fino Roma."

Giuseppe bricht in schallendes Gelächter aus.

„In bicicletta?! Tedesco pazzo!"

Der verrückte Deutsche bin ich für ihn also. Ich nehme das als Kompliment. Er zückt den goldenen Stift aus seiner Westentasche, der ebenfalls den schnörkeligen Schriftzug mit seinem Namen trägt, und notiert mehrere Lokale in Florenz, Siena und Rom, die ich unbedingt besuchen sollte. Zum Abschied schenkt er mir ein *Cantuccino* und ruft mir noch singend „Buon viaggio, tedesco pazzo!" hinterher.

Als ich zurück zum Quartier komme, leert Stefan gerade noch das abgestandene Bier vom Vorabend, um dann pfeifend sein bepacktes Rad durch die Tür zu hieven. Dabei stößt er sich gleich mehrfach seinen zum Glück schon behelmten Kopf am Türrahmen. Traditionell für ihn ein Problem in südlichen Ländern – die Häuser sind nicht für Menschen seiner Körpergröße gemacht. Auf seinem hellblauen Radtrikot sind die Umrisse einer Salzkruste mittlerweile klar zu erkennen. Noch gab es keine Möglichkeit zu waschen.

Auf den ersten Metern instruiert mich Stefan noch einmal exakt in das Profil des heutigen Tages. Nach schwierigen ersten zehn Kilometern soll es hinab in städtisches Gebiet gehen, welches wir bis Florenz auch nicht mehr verlassen werden. Abgesehen von dem ein oder anderen Dorf waren wir seit Bologna nur von Natur umgeben, die größtenteils deutlich wilder und ursprünglicher war, als ich es erwartet hatte. Wunderschön, doch auch etwas einschüchternd, gerade in meinem Zustand. Nun freue ich mich auf die Zivilisation. Besonders auf das mir noch unbekannte Florenz. Von „überlaufene Touristenhochburg" bis „unvergesslicher Traum" war alles dabei, wenn mir Bekannte von der Stadt berichteten. Nun möchte ich mir ein eigenes Bild machen.

Stefan hatte nicht zu viel versprochen: Kaum haben wir San Marcello Pistoiese verlassen, prallen wir auf die erste steile Asphaltwand. Doch schon zu Beginn merke ich, dass sich etwas verändert hat. Zwar ist Stefan schon wieder ein gutes Stück voraus, doch meine Beine, mein Atem und meine Sitzhaltung sind anders. Alles fühlt sich leichter und fließender an. Ich gehe aus dem Sattel und erhöhe meine Trittfrequenz. Nichts schmerzt. Nein, ich fühle mich nicht wie neu geboren. Aber die gewohnten Mechanismen funktionieren wieder. Ein tiefes, vibrierendes Gefühl von Dankbarkeit durchströmt mich. Plötzlich ist sogar Stefan wieder in Sichtweite. Ich erhöhe den Rhythmus noch einmal, wohlwissend, dass der Anstieg bald vorbei sein muss und dies die einzige lange Steigung des Tages bleiben wird. Zeitgleich erreichen wir den Gipfel.

„Da kann wohl jemand endlich wieder Fahrradfahren!", raunt Stefan, während er an seinem Garmin rumfummelt. Auch er muss erleichtert sein, nun endlich kein rollendes Wrack mehr hinter sich herziehen zu müssen.

Kurz vor der Abfahrt ins „Industrietal", wie Stefan es nennt, machen wir den nächsten Boxenstopp in einer Ortschaft, die aus nur einer Straße und einem guten Dutzend Häusern besteht. Wir sitzen auf einer Holzbank vor dem einzigen Café des Ortes. *Le acque chete rovinano i ponti*, hat jemand in wunderschöner Handschrift in die Lehne der Bank graviert. Stille Wasser zerstören Brücken.

Ich nippe an meinem Espresso. Wieder werde ich von einer Lawine an Aromen überschüttet. Stefan spült ein eiskaltes *Ichnusa* Bier hinunter. Wie oft habe ich darüber nachgedacht, woran es liegen könnte, dass jeder, wirklich jeder Kaffee in Italien besser schmeckt als in Deutschland? An jeder noch so lausigen Tankstelle gibt es vorzüglichen *caffè* zum Kampfpreis von 1,20 Euro. Während der überteuerte Kaffee bei nahezu allen deutschen Bäckern schmeckt, als hätte er in Wurstwasser geschlafen.

Liegt es an den Bohnen? An der besseren Zubereitung? Am Wasser? Nach endloser Grübelei lautet meine These: Es liegt an Italien. Selbst wenn hier im Hinterstübchen einer Trattoria ein Achim aus Wolfenbüttel mit seiner verkalkten *Senseo* ein lausiges Schwarzwasser pressen sollte: Meine Geschmacksnerven würden mir wohl immer noch vorgaukeln, es würde sich dabei um höchste Baristakunst handeln. Nein, so einfach ist es natürlich nicht.

Guiseppe hatte recht: Kaffee ist kompliziert. Anbau, Ernte, Röstung, Mahlgrad, Temperatur – all das ist Präzision und in seinem Endprodukt nie wirklich greifbar. Es bleibt ein flüchtiger Moment Glück, der auch durch seine Unvorhersehbarkeit und Unverfügbarkeit so magisch erscheint. Wie viele unvergessliche Kaffees hatte ich bisher in meinem Leben? Vier? Fünf? Drei! Auf dieser Reise werden auf jeden Fall noch einige hinzukommen.

Wir sitzen noch ein Weilchen da und glotzen auf die einsame Dorfstraße, auf der zwei Katzen mitten auf dem Asphalt liegen und sich misstrauisch belauern. Es fühlt sich wie das Ende eines Abschnitts an. Der Wald wird mir fehlen. Er hat mich in den ersten zwei Tagen in Ruhe leiden lassen. Er hat mich vor Wind und Sonne geschützt, saubere Luft in meine Lungen getragen. Nun werden wir ein anderes Italien kennenlernen.

Gut gelaunt schwingen wir uns auf die Räder und rollen ins Tal nach Pistoia, einer lebhaften, lärmenden Stadt, die wir direkt durchfahren. Sofort ist eine andere Form von Wachsamkeit gefragt. Autos, die uns in Waldgebieten doch meist recht umsichtig überholt haben, werden nun zu Feinden. Motoren heulen hinter uns auf. Es wird gehupt, kein Abstand gelassen. Wir werden von Geräuschen und visuellen Reizen überflutet. Zum Glück habe ich das Rad samt Klickpedale mittlerweile recht gut unter Kontrolle. Ich fühle mich einigermaßen sicher, doch das Stresslevel sinkt, sobald wir zwischendurch einen Weg gefunden haben, den wir nicht mit Autos und LKWs teilen müssen.

Stefans Garmin, auf den ich zurecht mittlerweile einen aufrichtigen Hass entwickelt habe, vollbringt erstmalig eine gute Tat. Er führt uns zum *Ombrone Pistoiese*, an dessen Ufer ein wunderbarer Radweg entlangführt. Mühelos gleiten wir dahin. Es fühlt sich an, als seien die ersten beiden Tage auf dem Rad ein böser Fiebertraum gewesen. Nur der innere Fluss, der Fluss der Gedanken, ist heute versiegt. Schon bald verlassen wir das Flussufer und werden durch eine Asphaltwüste geführt. Jede Ecke ist auf Effizienz getrimmt. Endlose Industriegebiete. Doch selbst die wirken etwas weniger trostlos als in der Heimat.

Mit dem Fahrrad habe ich mich mittlerweile angefreundet, oder zumindest arrangiert. Dieses Fahrrad ist mir wohlgesonnen. Es wurde gebaut, um Menschen sicher von einem Ort zum anderen zu bringen. Und das tut es auch nach bestem Gewissen. Natürlich habe ich ihm schon längst eine Seele gegeben. Das zeitlose Grausilber gefällt mir, das Surren im Leerlauf beruhigt mich auf eine seltsame Weise.

Nur noch 35 Kilometer bis Florenz.
Es ist noch etwas wärmer als gestern, was auch am gänzlich fehlenden Schatten und am aufgeheizten Asphalt liegt. Obwohl es für Stefan herausfordernd sein muss, dem Garmin zu folgen und gleichzeitig sein Umfeld im Blick zu haben, legt er auch hier in der verkehrsreichen Ebene ein unfassbares Tempo an den Tag. Wie eine Lokomotive zieht er mich in seinem Windschatten hinter sich her.

Ich spüre bei jedem Tritt in die Pedale ein leichtes Stechen im linken Knie. Wie immer, wenn ich körperliche Schmerzen zum ersten Mal im Leben spüre, kommt leichte Nervosität in mir auf. Stefan als erfahrener Radfahrer bezeichnet das Stechen aber als „völlig normal bei Anfängern". Das beruhigt mich. Doch auch am dritten Tag kann ich mich immer noch nicht in meine Rolle als „Anfänger" fügen. Ganz sachlich betrachtet hat er natürlich recht. Egal, wieviel Talent mein Körper eventuell für diesen Sport hätte. Egal, wie fit ich in anderen Bereichen bin. Stefan ist mir mehrere Jahre Grundlagentraining voraus. Hier auf dieser Reise werde ich, auch nach dem überstandenen Magen-Darm-Infekt, der Anfänger bleiben. Also hänge ich mich in Stefans Windschatten, staune über den Tacho, der konstant zwischen 30-35 km/h anzeigt, und versuche die Konzentration zu halten. Ein winziger Fehler, und ich würde Stefan ins Hinterrad brummen.

Auch im Gesäß habe ich mittlerweile Schmerzen. Man hatte mich gewarnt, also legte ich mir vorsorglich eine Radlerhose mit extra dicker Polsterung zu. Doch es fühlt sich an, als würde ich direkt auf dem Knochen sitzen. Noch kann ich leichtere Schmerzen aber sofort mit den Gedanken an die Qualen der letzten beiden Tage weglächeln.

Gegen 15 Uhr machen wir doch noch eine kleine Pause und decken uns mit Riegeln, Wasser und Eistee ein. Wir sitzen in einem neu erschaffenen, menschenleeren Park und versuchen den Aufenthalt kurz zu halten, da die frisch gepflanzten Bäume noch keinen Schatten spenden.

Nach sechs Monaten Dunkelheit in Deutschland, inklusive eines verregneten Aprils, sind wir noch nicht wirklich bereit für dieses Wetter. Auf Sonnencreme habe ich gänzlich verzichtet. Wie man selbst mit Ende 30 noch so eitel sein kann, dass man jede Frühlingssonne zur Bräunung nutzen möchte, ist mir schleierhaft. Stefan cremt sich hingegen bei jedem Wetter ein. Eine Familientradition, die er definitiv nicht mehr ablegen wird.

Eine Stunde später erreichen wir die Peripherie von Florenz. Wir sind froh, ganz bald an das Flussufer des *Arnos* zu gelangen und dem Verkehrschaos zu entkommen. Am Horizont schiebt sich die gewaltige, in der Sonne leuchtende Kuppel des Doms in unser Sichtfeld. Breite, autofreie Asphaltwege führen uns in die Stadt. Auch der Fluss selbst macht einen zufriedenen Eindruck. Als hätte er sich damit arrangiert, in diesem Abschnitt nur die Kulisse einer

Traumstadt zu sein und täglich mit Abwässern zugepumpt zu werden.

Die Vorfreude steigt, Erschöpfungserscheinungen gleich null. Schon bald erreichen wir unser zentrales *Airbnb*. Nur vom Gastgeber haben wir noch keine Nachricht erhalten. Von daher suchen wir uns ein paar hundert Meter weiter ein schattiges Rasenplätzchen neben einer Kirche und genießen den Trubel. Gleich gegenüber bildet sich eine lange Schlange vor einer vielversprechenden Gelateria. Ich stelle mich an, während Stefan unsere Räder bewacht. Erst kurz bevor ich an der Reihe bin, fällt mir auf, dass ich Stefan nicht mal nach seinen Wünschen gefragt habe, weil ich seinen Eisgeschmack mindestens so gut kenne wie meinen eigenen. In der fünften Klasse haben wir uns kennengelernt. Da wir nach der Schule mit demselben Bus fahren mussten, haben wir uns die Wartezeit fünfmal die Woche mit Eisessen vertrieben. Er nahm immer zwei Kugeln, meistens Stracciatella und Zitrone. Dabei musste jede Kugel separat in einer Waffel serviert werden. Ihm war das wichtig.

Sein Argument: „Ist ja eine Gratiswaffel und es vermischt sich nichts."

Wenige Minuten später sitzen wir auf dem Rasen, Stefan umzingelt das Zitroneneis mit seiner riesigen Zunge, in jeder Hand eine Waffel. Eisessend begann unsere Freundschaft. Nun, 28 Jahre später, scheint sich kaum etwas geändert zu haben. Es scheint völlig egal zu sein, wie lange wir zwischendurch mal keinen Kontakt haben. Wir sehen uns wieder, jeder schlüpft in seine Rolle, und alles ist gut.

Nachdem wir gegen 17 Uhr immer noch nichts von unserem *Airbnb* Gastgeber gehört haben, schieben wir die Räder zurück zur Eingangstür der Unterkunft. Dort klebt ein kleiner Zettel mit einer Telefonnummer auf der Klingel. Ich rufe an, der Herr am anderen Ende spricht kein Englisch.

Ich versuche es auf italienisch. Mehrfach sage ich unsere Nachnamen und die Buchungsnummer. Ich verstehe kein Wort seines aufgeregten Monologes. Nach langem hin und her gibt der Mann schließlich den Code für die Eingangstür und unsere Zimmernummer durch.

Wir hieven unsere Räder im Hochformat in den viel zu engen Aufzug und fahren nach ganz oben. Unsere Unterkunft scheint gleichzeitig ein Museum zu sein. Hohe Decken mit Stuck, vergoldete Kronleuchter, mehrere Schaukästen und allerhand Ölgemälde in prunkvollen Rahmen. „Also online sah das irgendwie anders aus", meint Stefan, während er sein Rad an einen riesigen Spiegel lehnt. Uns ist es recht.

In der luxuriösen Dusche schrubben wir uns den brennenden Schweiß von der Haut und bereiten uns für die Stadt vor. Das erste Mal seit der Zugfahrt nach Bologna wieder Sneakers an den Füßen, das erste Mal wieder Haarspray und Jeans. Gut gelaunt warte ich auf den vor sich hin schimpfenden Stefan. Nach einigen Minuten Suche ist klar:

Er muss unterwegs einen Schuh verloren haben. Selbstverständlich hat auch er nur ein vorzeigbares Paar Schuhe eingepackt. Meine Schadenfreude kann ich nicht verbergen. Aus irgendeinem Grund hat Stefan noch ein paar völlig zerlumpte, orange Laufschuhe dabei.

Wir stürzen uns in die Menschenmassen. Erster Auftrag: Ansehnliche Schuhe in Größe 47 finden. Möglich, aber unwahrscheinlich. Nach wenigen Minuten erreichen wir die *Piazza della Repubblica*. Sofort fällt auf, dass es, trotz der unzähligen Touristen, recht ruhig ist. Niemand preist lautstark Sonnenbrillen an. Niemand hat es eilig. Mitten auf dem Platz dreht sich bedächtig ein großes Karussell, auf dem überwiegend Erwachsene sitzen, die sich selbst mit dem Handy filmen. Ein Straßenmusiker spielt die ersten Akkorde von *Wish you were here*. Ich vermisse in diesem Moment nichts und das tut ziemlich gut. Denn irgendetwas vermisst man normalerweise immer.

Während ich versuche, die Stadt in der wenigen Zeit, die uns bleibt, einzusaugen, schreitet der aufgrund seines verlorenen Schuhs immer noch etwas mufflige Stefan voran. Von Schuhgeschäft zu Schuhgeschäft entdecken wir den Kern von Florenz. Mit seiner hier auffälligen Körpergröße und seinen hässlichen, leuchtend orangen Schuhen kann ich Stefan gar nicht aus den Augen verlieren. Nach einer Stunde gibt er auf. Keine Schuhe in 47.

Wir drehen eine Runde auf der *Piazza della Signoria*, dem wichtigsten Platz in der langen Geschichte von Florenz. Auf dem Grund des Neptunbrunnens liegt ein kleines Münzvermögen. Auch hier wirken die Menschen seltsam entspannt. Vielleicht ist es die durch die Fassaden atmende Geschichte, die den Touristen Respekt und Anstand einflößt. Selbst die vielen Tauben wirken hier kultivierter und gesünder. Pingelig in der Auswahl ihrer Speisen, wohlwissend, dass der Appetit nur mit den besten Resten gestillt werden sollte. Man lebt schließlich nur einmal.

An der *Piazza del Duomo* angekommen, betrachten wir minutenlang die unwirkliche Fassade des Doms. Stefan googelt schnell ein paar Fakten, die er im Stile eines kinderhassenden Geschichtslehrers mit Liegerad vorträgt. Ich schnappe noch etwas von „Gotik", „Renaissance" und „15. Jahrhundert" auf, höre dann aber weg. Zu unglaublich ist dieses Bauwerk. Was trieb Menschen an, so etwas zu bauen? Wie viele Arbeiter sind während des Baus bei Unfällen ums Leben gekommen? Ist vielleicht genau so etwas das „Göttliche"? Ein Ziel zu verfolgen, das vermeintlich sämtliche Opfer wert ist? Macht man das nicht auch ständig in seinem kleinen Kreis? Habe ich das nicht in den letzten Tagen getan? War es das wert? Im Moment scheine ich am richtigen Ort zu sein.

Wir holen uns drei Pizzen im Pappkarton aus einem der Ristoranti, die Giuseppe auf seinem Zettel notiert hatte, und schlendern damit zur *Ponte Vecchio*, der bekanntesten und sicher auch schönsten Brücke der Stadt. Mit etwas Glück finden wir einen Platz auf der Ufermauer des *Arnos*. Die Sonne sinkt langsam am Horizont und lässt das Wasser des Flusses in 1000 Rottönen schimmern. Florenz scheint zu seiner eigenen Karikatur zu werden. Mehr Ambiente geht nicht. Wie Lachse in einem Aufzuchtbecken tummeln sich die Touristen im Abendlicht auf den Brücken der Stadt.

Während sich die europäischen Touristen bemüht untouristisch geben, sind die vielen, auffallend jungen, amerikanischen Touristen auf eine liebenswerte Art laut und leicht zu begeistern. In kleinen Schwärmen drängeln sie sich auf Gruppenselfies. Nur das Alter dieser Stadt mit ihren Sehenswürdigkeiten muss für sie schon unglaublich *breathtaking* sein. Touristen aus Fernost glänzen hingegen mit perfektem Equipment: ausfahrbare Sonnenschirme, Selfiestangen und summende Handventilatoren – akribisch hat man sich vorbereitet.

Ausgehungert schlingen wir die Pizzen hinunter und genießen die Abendsonne in unseren vom Frühling glühenden Gesichtern. Es ist die stille Belohnung dafür, nicht aufgegeben zu haben.

Später, es ist mittlerweile dunkel, suchen wir einen Irish Pub, um das Champions League Halbfinale zwischen Bayern München und Real Madrid zu verfolgen. An der *Piazza di Santa Maria Novella* werden wir fündig. Die Wartezeit bis zum Anpfiff nutzen wir wieder zum Staunen. Von irgendwoher erfüllen die Saiten klassischer Geigen den Platz. Kinder werfen kleine leuchtende Bälle in die Luft. Es gibt keine Laternen, das warme Licht kommt ausschließlich von den umliegenden Gebäuden. Die ganze Stadt wirkt wie eine riesige Freiluftkirche.

Wir suchen uns einen Platz mit guter Sicht auf einen der Flachbildschirme. Stefan ordert gleich mal drei *Guinness*. Es ist ein Tick von ihm, stets ungerade Zahlen zu bestellen. Obwohl ich fast nie Alkohol trinke, beschließe ich, mir heute zumindest ein Bier zu gönnen. Schon nach wenigen Schlucken spüre ich eine angenehme Wirkung.

Die spanischen und deutschen Touristen fiebern mit. Ich lasse meinem „Bayernhass" freien Lauf und bin voll dabei. Mit fremden Menschen Fußball gucken, macht es immer intensiver.

Angst
Juli 1994

Es dämmerte bereits, doch das verschnörkelte Thermometer an der weißen Steinwand des Ferienhauses zeigte weiter über 30 Grad an. Nur mit Mühe konnte er seine Mutter überreden, die zweite Halbzeit des WM-Finales auch noch sehen zu dürfen.

Knapp zwei Dutzend Menschen versammelten sich vor dem Fernseher, der extra auf die Terrasse getragen wurde, um noch mehr Platz für mögliche Zuschauer zu bieten. Auch wenn er erst vor ein paar Wochen seinen achten Geburtstag feierte, verstand er schon erstaunlich viel von diesem Sport. Die Brasilianer in ihren leuchtend gelben Trikots waren überlegen. Doch die Italiener wirkten hochkonzentriert und glaubten an sich.
Seine Augen klebten an dem grell leuchtenden Röhrenfernseher. Auch wenn das Spiel wenig zu bieten hatte – die Spannung war greifbar. Er war sich sicher, der Bildschirm würde Funken sprühen, wenn er ihn berühren würde. Der italienische Kommentator schwieg zu keiner Sekunde. In ereignisarmen Phasen betete er die Namen der ballführenden Spieler runter.
„Baggio, Baresi, Benarrivo, Baggio, Maldini."
Nach Ende der regulären Spielzeit stand es immer noch 0:0. Verlängerung bei glühender Hitze vor fast 100.000 Zuschauern in Los Angeles. Seine Mutter forderte ihn schon mal zum Zähneputzen auf, im Wissen, dass es sinnlos wäre, ihn danach ins Bett zu schicken. Er würde niemals schlafen können, bevor er nicht wusste, wie dieses Spiel endete.

Immer wieder vernahm er ein ängstliches Raunen aus den umliegenden Häusern. Oder Torschreie, die dann doch in den Hälsen steckenblieben. Auch in der Verlängerung gab es keine Tore.

Das Elfmeterschießen musste nun entscheiden. Den fünften Elfmeter für die Italiener sollte der Mann mit dem Pferdeschwänzchen, Roberto Baggio, schießen, der bis dahin überragende Spieler des Turniers. Er musste treffen, um seinem Team die Chance auf den Sieg zu wahren. Baggio schlich zum Elfmeterpunkt, gezeichnet von den Strapazen der letzten 120 Minuten. Er legte sich den Ball zurecht, nahm einen seltsam langen Anlauf und schoss. Der Ball flog weit über das Tor.

Aus. Vorbei. Brasilien war Weltmeister.

Während die brasilianischen Spieler in ekstatischen Jubel verfielen, stand Roberto Baggio mit gesenktem Blick am Elfmeterpunkt und schien nur noch eine Hülle zu sein. Immer wieder wurde er zwischen den Feierbildern der Brasilianer eingeblendet.

Er stand dort einfach. Ein Lebenstraum hatte seinen Körper verlassen. Ein Trauma nahm hungrig den entstandenen Raum ein.

„Es ist eine Wunde, die sich niemals schließt", sollte Roberto Baggio später sagen.

Der blonde Junge, der eigentlich Brasilien etwas mehr die Daumen drückte, traute sich kaum zu atmen. Zwischen den Menschen um ihn herum breitete sich eine Trauer aus, die er bisher nicht kannte. Es war eine gewaltsame Stille.

Dazu dieser versteinerte Mann am Elfmeterpunkt, der ihm ein ebenso unbekanntes Gefühl der Angst einjagte. Die Mutter schickte ihn mit einem sanften Kopfnicken ins Bett. Lautlos schlich er auf seinen dünnen Beinen die Treppe hoch, um sich dort neben seine schlafende Schwester zu legen. Immer wieder erschien ihm der erstarrte Roberto Baggio vor Augen. Er versuchte, sich mit dem vertrauten

Vermissen seines Vaters zu beruhigen, doch es sollte fast zwei Stunden dauern, bis er endlich in den Schlaf fand.

Viele Jahre später schaute er sich das Elfmeterschießen von damals auf YouTube an. Die Bilder waren noch genauso anziehend. Doch der am Elfmeterpunkt leidende Roberto Baggio hatte seinen Schrecken verloren, weil er nun etwas mehr verstand. Er wusste, wie sich große Niederlagen anfühlen. Er verstand, dass sich jede Niederlage zu einem späten Sieg verwandeln kann. Genauso wie ein erreichtes Ziel auch immer ein Ziel ist, das man verliert und ein Loch hinterlässt. Er wusste, dass Roberto Baggio nicht daran zerbrochen ist, sondern weiterhin einer der besten Fußballer der Welt blieb. Er verstand, dass man immer eine Wahl hat, und dass das *Wie* oft viel wichtiger war als das *Was* war.

Fast 30 Jahre nach dem WM-Finale 1994 sitze ich nun hier in einem Pub in Florenz. Auch wenn das heutige Spiel am Ende vermutlich keine unvergesslichen Szenen geboten haben wird, werden sich dennoch einige Bilder in mein Gedächtnis brennen. Wie immer werde ich den Zeitstrahl meiner Vergangenheit durch Fußballspiele strukturieren.

Nach dem späten Ausgleich von Madrid springe ich in die Luft und für einen unglaublich langen Moment sehe ich die Köpfe der Gäste von oben. Spontan kommt es zu Verbrüderungsszenen. Mein spanischer Sitznachbar nimmt mich jubelnd in den Arm. Das kleine *Guinness* hat meinen Sprachfähigkeiten beflügelt und ich schaffe es, mehrere Minuten in recht flüssigem Spanisch über Fußball zu fachsimpeln. Stefan bestellt sein siebtes *Guinness* und ist stocknüchtern.

Im Nebenraum spielen wir gegen Mitternacht noch eine Runde Billard und sind danach unentschlossen. Eine junge Niederländerin, die seit geraumer Zeit in Florenz studiert und das Nachtleben der Stadt wohl in und auswendig kennt, empfiehlt uns einen weiteren Irish Pub, gleich um die Ecke. Wir sind dabei.

„It's too early to sleep. It's too early to sleep."
Die Niederländerin, die man wohlwollend noch als blass bezeichnen kann, hat die seltsame Angewohnheit, jeden Satz zweimal zu sagen. Womöglich ganz normal, wenn man zu viel Zeit im Nachtleben verbringt. Sie hat nicht zu viel versprochen: Echte Iren hinterm Tresen, lautes, friedliches Lachen von allen Seiten. Tausende Fotos von Gästen zieren die Wände. Wir drängeln uns zur Bar und bestellen volley drei *Guinness*, auch wenn mein Pegel als Nichttrinker schon etwas ausschlägt. Stefan steht wie ein Leuchtturm neben mir. Aus seiner Perspektive hat er jeden Laden schnell überblickt.

„Hier sind nur Frauen!", grölt er mir ins Ohr.

Tatsächlich. Bis auf wenige Ausnahmen befinden sich nur Frauen in diesem Pub. Sofort breitet sich in meinem mittlerweile etwas langsamen Kopf ein *Déjà-vu* Gefühl aus. Ohne irgendwelche Absichten genieße ich die weiblichen Stimmen um mich herum. Man kommt ins Gespräch. Natürlich sind es die Amerikanerinnen, die das Partyboot steuern.

Umgeben von Frauenstimmen zu sein, ist für mich einfach Kindheit. In einem Haus voller Frauen aufzuwachsen, hat etliche Vorteile. Einziger Nachteil: Man ist auf sie angewiesen.

Ich erinnere mich an einen Lehrgang während meines Zivildienstes. Eine Woche in einem Haus mit 120 anderen jungen Männern und ein paar Pädagogen. Nach drei Tagen wurde ich nervös und fühlte mich extrem unwohl. Erst als ich die Reinigungskraft, eine füllige Frau Ende 50, im Gang singen hörte, wusste ich wieso: Ich hatte drei Tage nur mit Männern verbracht. Die kurzen Gespräche mit dieser Frau haben mich durch den Rest der Woche gerettet. Zu allem Überfluss war die letzte Frau, mit der ich gesprochen habe, dieses Mal auch noch eine cholerische Schaffnerin, die mich aus dem Zug geworfen hat. Mehrere Tage ohne Frauen um mich herum haben in mir einen kleinen Riss hinterlassen, der nun durch die Anwesenheit fremder, mir völlig gleichgültiger Frauen geflickt wird.

Ich lasse mich noch zu einem Kräuterschnaps überreden, Stefans *Guinness* Statistik muss mittlerweile zweistellig sein. Es ist spät in der Nacht und morgen warten wieder fast 100 Kilometer auf uns. Doch von irgendwem lassen wir uns wieder zum Weiterziehen animieren.

Nur drei Minuten entfernt wartet ein Club namens *Space* auf uns. Auf zwei Floors ist die Hölle los. Ein bunter Mix junger Menschen aus ganz Europa, natürlich mit einem Haufen Amerikanern dazwischen. Nun sind wir endgültig in der Zeitschleife angekommen. Auch wenn wir womöglich die Ältesten in diesem Club sind – alles ist wie früher. Wir können noch tanzen, zusammen konnten wir das schon immer gut.

Ich sehe Stefan mit leuchtenden Getränken von der Bar kommen, die Gläser hoch über sich haltend, um sich besser durch die Menschenmassen schlängeln zu können. Ich sehe mein entspanntes Gesicht im Spiegel der Toiletten, das doch ganz gut gealtert ist. Ich sehe springende Menschen und Luftballons. Ich spüre das seltsam angenehme Kleben der Schuhe auf dem von Schweiß und Bier gefluteten Boden. Stefan hört nicht auf, zu tanzen. Die Bässe scheinen meine müden Beine zu massieren.

Irgendwann schaffe ich es, Stefan zum Gehen zu überreden. Auf dem Weg zu unserer Unterkunft verlaufen wir uns mehrfach, die Akkus unserer Handys sind längst leer. Auch im Dunkel der Stadt leuchten Stefans orange Schuhe noch. Ein Wunder, dass die Türsteher ihn damit überhaupt reingelassen haben. Aus einer noch funktionierenden Ecke meines Gehirns krame ich den Code für die Eingangstür hervor. Wir fallen in unser Bett. Nicht mal zum „Gucci notte" reicht es. Ich warte, bis das leichte Drehen nachlässt und schlafe ein.

4. Etappe

Florenz - Siena

„The way I see it, if you want the rainbow, you gotta put up with the rain.“

Dolly Parton

Ich öffne die Augen, und es dauert ein paar Sekunden, bis ich weiß, in welcher Stadt ich bin. Mein Mund ist trocken, mein Kopf hat sich wie Blei in das Kissen gegossen. Ich nehme Stefans langen Arm von mir. Während seines unruhigen Schlafes hat er immer wieder eine seiner langen Gliedmaßen auf mich geschleudert. Er atmet schwer vor sich hin.

Ich schaue auf die Uhr. 8:30. Knapp drei Stunden Schlaf und ein kleiner Kater sind keine optimale Voraussetzung für einen Tag auf dem Fahrrad. Zu allem Überfluss lässt uns anscheinend auch noch das Wetter im Stich. Ich stürze zwei Gläser Wasser hinunter und schaue über die nassen Dächer von Florenz. Dicke graue Wolken hängen über den Türmen der Stadt. Es ist ein Tag für Netflix, Wolldecken und Lieferservice. Nicht für acht Stunden Qual auf einem Fahrrad.

Mit einiger Anstrengung kriege ich Stefan wach, der Gott sei Dank ebenfalls verkatert ist. Alles andere wäre auch nicht fair, schließlich hatte er ungefähr die zehnfache Menge Alkohol intus. Auf dem Flur sind immer wieder hektische Schritte zu hören. Wir machen so schnell wie möglich unsere Räder startklar und schieben sie aus dem Zimmer. Sofort stürmen aufgeregt zwei Herren auf uns zu.

„Nomi di signori? Nomi di signori?", fragt der Jüngere der beiden.

Wir sind noch nicht wirklich aufnahmefähig. Stefan nuschelt nur etwas von „one hundred seven".

„Your ID´s, per favore! Your ID´s, per favore!", fordert der graue, ältere Herr.

Ist es in dieser Stadt so etwas wie ein Trend, alles doppelt zu sagen? Ich sehe die redegewandte Niederländerin vor mir. Ohne ihre Tipps wären wir vielleicht einfach kurz nach Mitternacht im Bett gewesen und könnten nun einigermaßen geradeaus denken.

Bald gesellen sich eine Dame und ein weiterer Herr hinzu und es kommt zu einer gestenreichen Diskussion, bei der immer wieder mit dem Finger auf uns gezeigt wird. Nach zehn Minuten ist klar: Wir waren nicht im falschen Zimmer. Wir waren im falschen Quartier. Sofort ergibt auch Stefans gestriges „Also online sah das irgendwie anders aus", einen Sinn. Der Zettel an der Klingel war für jemand anderen bestimmt. Unsere eigentliche Unterkunft befindet sich im Haus nebenan.

„Sorry, äh, scusi" stammelt Stefan, zuckt mit den Schultern und zeigt auf seinem Handy die Mail mit der Buchung. Ein Kommunikationsgenie war er noch nie. Ich versuche gar nicht erst zu erklären, wie es zu diesem Missverständnis kommen konnte. Wie damals in der Schule, wenn man völlig unvorbereitet von einem Test überrascht wurde, und schnell klar war, dass man nichts, wirklich gar nichts tun konnte, um eine Fünf oder Sechs zu vermeiden. Nur der eigene Name war richtig. Das Datum musste man schon abschreiben und dann hörte es auf. Einfach aushalten.

Aus der Diskussion der vier Menschen vor uns ist ein leidenschaftlicher Streit geworden. Kurzzeitig befürchte ich, man würde handgreiflich werden. Obwohl unser eigentliches Quartier im Haus nebenan deutlich günstiger gewesen wäre, lässt man uns schließlich ohne Aufpreis gehen. Orientierungslos, aber erleichtert, stehen wir mit unseren Rädern im Nieselregen auf der Straße und wissen nicht, ob und wie wir diesen Tag angehen sollen. Wir stellen uns unter ein Wellblechdach, gleich neben einem kleinen Supermarkt, und Stefan wankt hinein, um ein wenig Fertiggebäck, Cola und ein paar Flaschen Wasser zu holen. Im Zeitungsständer vor dem Markt hängt traurig, die *Gazzetta dello Sport* mit ihrem unverwechselbaren rosa Papier. Stefan braucht ewig. Ich schaue gedankenlos auf den Eingang des Marktes. Wie in einem Topf Wasser auf dem Herd entstehen in meinem Kopf dann doch ein paar Bläschen, die zu einem sprudelnden Wasserbad reifen.

Hoffnung
Frühling 1996

Der Himmel über den Nadelbäumen war so saftig blau, als hätte jemand einen Snapchat Filter darübergelegt. Noch wusste er nicht, dass es irgendwann mal so etwas wie Snapchat geben würde. Noch kannte er niemanden, der ein Handy besaß. Allerdings hatten mittlerweile fast alle ein Festnetztelefon zu Hause stehen. Einige sogar ohne Schnur. Wenn er seinen Vater in den Ferien zu sehr vermisste, drückte ihm die Mutter lächelnd ein paar italienische Münzen in die Hand und er suchte, mit seiner Schwester an der Seite, eine Telefonzelle. An diesem Nachmittag war es wieder so weit. Aufgeregt drehte er das Geld zwischen den Fingern seiner schwitzigen Hand.

Am Marktplatz des kleinen Dorfes wurden sie fündig. Sie warfen vier Münzen ein. Konzentrieren. Vorwahl nicht vergessen. Wählen. Es klingelte. Achtmal. Neunmal. Nichts. Schließlich gaben sie auf. Sie nahmen sich vor, es fünf Minuten später noch einmal zu versuchen. Sie überlegten, sich unterdessen ein Eis zu kaufen.

„Viel zu riskant!", meinte die Schwester.
Zu groß war die Gefahr, dass das Geld anschließend nicht mehr für das Telefonat in die Heimat reichen würde. Er betrachtete ihr ernstes Gesicht. Ihre Sommersprossen kamen erst zu dieser Zeit des Jahres wieder zum Vorschein. Seine grüne Schirmmütze spendete Schatten. Dennoch schwitzte er unter der dicken Baumwolle.

„Zwei Lutscher. Das ginge vielleicht noch."

Seine Schwester zeigte auf einen kleinen Kiosk, vor dem eine Frau mit Schürze saß. Dort sprang ihm die rosa Zeitung ins Auge, die hier an jedem Kiosk in den Auslagen zu finden war. Auf der Titelseite jubelten ein paar Spieler des AC Milan. Sofort erkannte er Roberto Baggio unter ihnen.

Scudetto! Championato!
AC Milan - ACF Fiorentina 3:1.
Darunter die Torschützen:
0:1 Rui Costa
1:1 Dejan Savićević
2:1 Roberto Baggio (rigore)
3:1 Marco Simone

Rigore – Elfmeter. Das wusste er noch.
Immer wieder hatte es der italienische Kommentator wiederholt. Milan hatte also gestern die italienische Meisterschaft gewonnen und Baggio hatte dabei per Elfmeter getroffen.
Er stellte sich vor, wie der Mann mit dem Pferdeschwänzchen wieder vor dem Ball am Punkt steht. Wie er erfolglos versucht, die Gedanken an den Tag vor fast zwei Jahren zu verdrängen. Wie er anläuft und nur auf den Ball schaut, den Oberkörper leicht nach vorn gebeugt, um nicht wieder über das Tor zu schießen. Wie er den Ball perfekt trifft, aufschaut und dann von einem Meer aus 80.000 Jubelschreien davongetragen wird.

„100 Lire pro Lolli. Das sollte doch drin sein", hörte er seine Schwester sagen.
Ihm gefielen die hohen Zahlen auf den Geldstücken. Bei jedem Urlaub in Italien hatte er das Gefühl, über ein enormes Vermögen zu verfügen. 1000 Lire – eine Mark. Diese Faustregel hatte er schnell verstanden.
Sie setzten sich auf einen schattigen Bordstein, lutschten wortlos ihre Bonbons am Stiel und warteten, bis der große Zeiger der Kirchturmuhr die nächste Zahl erreicht hatte.

Zeitgleich standen sie auf und gingen zurück zur Telefonzelle. Er fühlte sich, wie in einem dieser Westernfilme, die er sonntags manchmal gucken durfte. Konzentrieren. Vorwahl nicht vergessen. Wählen. Es klingelte. Dreimal. Viermal. Es knackte in der Leitung. Wie durch eine Wand hörte er die Stimme seines Vaters. Sein Herz klopfte bis zu den Ohrläppchen. Er mochte es, dass sein Vater nie die Fragen stellte, die alle Eltern stellen. Es war völlig egal, wie der Urlaub bisher war. Es war egal, was man den ganzen Tag machte. Es war nur wichtig, sich zu zeigen, wie sehr man sich vermisste. Das kleine Display der Telefonzelle blinkte. Sie warfen noch zwei Münzen ein und er reichte den Hörer an seine Schwester weiter. Zu ersten Mal an diesem Tag sah er sie lächeln.

Er legte sein Ohr auf die Rückseite des Hörers, um vielleicht noch ein paar Wortfetzen seines Vaters aufzuschnappen, dessen Stimme nun klang, als würde er in einem tiefen Brunnen sitzen und vor sich hinmurmeln. Dann knackte es wieder. Der Hörer begann hektisch zu tuten. Längst lagen sämtliche Münzen im Bauch des Telefonkastens. In seinem Hals breitete sich ein starkes Brennen aus.

Schweigend liefen die beiden Kinder zurück zum Ferienhaus. Er nahm den Weg durch einen leichten Schleier aus Tränen wahr. Doch der Blick nach oben ließ ihn wieder klarer sehen. Der Himmel war immer noch genauso tiefblau. Es war der gleiche Himmel, den Roberto Baggio in Mailand sehen konnte. Dieser Gedanke löste ein nicht greifbares Glücksgefühl in ihm aus.

Ich lasse die Räder kurz unbeaufsichtigt, zerre die rosa Zeitung aus dem Ständer, renne in den Markt und bezahle.

Als Stefan endlich kommt, überrede ich ihn, noch eine Stunde in einem Café zu verbringen, um einen Espresso zu trinken und die *Gazzetta dello Sport* zu studieren. Noch einmal Tourist spielen und ein wenig über Fußball lesen, bevor wir durch die nasskalte Toskana rollen. Wir finden einen Platz am Fenster mit Blick auf die bepackten Räder.

Ich, Mann von Welt, schlage lässig meine *Gazzetta* auf. Im selben Moment sehe ich, dass einen guten Meter neben mir gleich mehrere aktuelle Tageszeitungen, unter anderem auch die *Gazzetta dello Sport*, zur freien Verfügung auf einem Ständer aufgereiht sind. *Naja, wer weiß wofür das Papier noch gut sein kann*, denke ich und schaue den Tropfen auf der Scheibe bei ihrer sprunghaften Wanderung zu.

Der Weg aus Florenz hinaus will nicht enden. Stefan wischt immer wieder mit seinen Radhandschuhen über die Schutzhülle des Garmins. Unsere Radlerhosen sind bereits durchnässt. Auf Regenhosen haben wir bei der Gepäckauswahl beide verzichtet. Mit jedem Kilometer wird der Regen stärker.

Als wir das Stadtgebiet endlich verlassen und die erste Steigung beginnt, merke ich, dass etwas nicht stimmt. Jeder Kieselstein scheint seine Härte direkt in den Sattel zu übertragen. Ich werde langsamer – der erste Plattfuß. Wir lehnen die schlammigen Räder an die alte Mauer eines Milchhofs und müssen lachen. Stefan kramt das Flickzeug hervor und beginnt umgehend, meinen Reifen zu bearbeiten. Erst jetzt sehe ich, dass er eine kleine Platzwunde unter den Haaren auf seiner Stirn hat.

„Was? Wo?"

Er kramt sein Handy raus und betrachtet sich im Selfie-Modus.

„Muss irgendwie im *Space* passiert sein."

Unser Gelächter wird lauter. Dieses Bild von Stefan im mittlerweile strömenden Regen, den platten Reifen in seinen Händen, verbunden mit der Vorstellung, wie er sich nach 13 *Guinness* in einem Club namens *Space* den Kopf an einem Türrahmen stößt. Mein Bauch schmerzt vor Lachen. Bei Stefan äußert sich ein Lachkrampf in fast lautlosen, glucksenden Geräuschen. Dabei steht sein großer Mund weit offen. Wie ein Vogeljunges, das mit aufgerissenem Schnabel nach Nahrung verlangt. Er versucht, sich zu sammeln, um mit der Reparatur fortzufahren.

„Contenance, per favore!"

Das Lachen lässt meinen Kopf noch stärker dröhnen. Ich nehme ein Ibuprofen und hoffe, dass mein Magen die Tablette duldet.

Ein alter Mann schlürft mit einem riesigen Regenschirm in der Hand über den Milchhof. Mit freundlichem Blick winkt er uns zu sich, lädt uns in sein Haus ein, um uns vor dem Regen zu schützen. Wir lehnen dankend ab. Zu tückisch wäre es, sich aufzuwärmen und dann wieder in den kalten Dauerregen hinauszumüssen.

Nach 20 Minuten ist es vollbracht. Das Rad wird wieder eingesetzt. Alles dreht sich flüssig. Stefan schaut nochmal auf den Regenradar und zieht besorgt die Augenbrauen in die Höhe.

„Das bleibt so. Den ganzen Tag. Scheiße."

„Den ganzen Tag?"

„Nein. Es bleibt nicht nur so. Es wird wohl sogar noch stärker am Nachmittag."

Es ist schon fast 13 Uhr und vor uns liegen noch 80 Kilometer. Mir ist kalt. Besonders meine Hände frieren in den durchnässten Radhandschuhen. Ich möchte nicht mehr.

Wir befinden uns im *Val d'Elsa*. Einem Tal, das in etwa das ist, was wir Deutschen vor Augen haben, wenn wir an die Toskana denken. Sanfte Hügel, von Zypressen bewachte Kieswege, bezaubernde Dörfer, die über Anbaugebieten und Viehherden thronen. Wäre Italien ein Haus, müsste hier die Wohnküche sein. Vieles können wir nur erahnen, weil sich mittlerweile ein dichter Nebel über das Land gelegt hat. Die Bäume am Wegesrand, mit ihren nassen, durch den Regen tanzenden Blättern, sehen aus, als würden sie Beifall spenden.

Mein linkes Knie beginnt wieder zu schmerzen, die feuchte Kälte scheint nicht gerade zur Besserung beizutragen. Der Hintern hat sich für einen leichten Dauerschmerz entschieden. Ich ahne, dass all die kleinen und großen Wehwehchen dieser Reise schon bald vergessen sein werden. In ein paar Wochen werde ich mich zwar noch daran erinnern, teilweise enorme Schmerzen gehabt zu haben, aber der Schmerz selbst wird vergessen sein. Ich werde kein Mitgefühl mit mir haben, wenn ich an diese Tage denke. Ich werde den Schmerz nicht mehr nachfühlen können. Warum das so ist, könnten mir schlaue Menschen wahrscheinlich erklären. Sicher ist es gut so. Welche Frau würde sich sonst für ein zweites Kind entscheiden?

Doch muss man unterscheiden. Zum einen gibt es nicht steuerbare, unfreiwillige Schmerzen, die teilweise schon allein durch ihre Unvorhersehbarkeit in Auftreten und Dauer angsteinflößend sind. Zum anderen entscheiden wir uns für freiwillige Schmerzen, die wir jederzeit selbst beenden können. So wie wir auf unseren Rädern. Bei diesen freiwilligen Schmerzen kann sich durchaus etwas Erhabenes herauskristallisieren. Leiden für ein besseres Später. Leiden für den Erfolg. Leiden als Aufbäumen gegen den natürlichen Weg des geringsten Widerstandes. Doch zeitgleich wohnt dem selbstgewählten Leiden stets auch eine gewisse Dummheit inne. Eine rührende Dummheit, wenn man glaubt, in diesem Universum zu mehr als zur bloßen Anwesenheit bestimmt zu sein.

Genau zwischen diesen beiden Gefühlen, Erhabenheit und Dummheit, schwankt meine innere Stimme während der vielen Stunden im Sattel bisher. Vielleicht ist das freiwillige Leiden einer der größten Unterschiede zwischen Mensch und Tier und sollte gar nicht erst bewertet werden.

Vielmehr sollte man die Entscheidung zum Leiden als Chance sehen, den eigenen Absichten auf den Grund zu gehen. Sich trauen, in den eigenen Abgrund zu schauen, egal wie hässlich dieser Anblick ist.

Vielleicht finde ich noch heraus, warum ich das hier tue. Warum ich diese Reise trotz Magen-Darm-Virus in Angriff genommen habe. Warum ich mich einen ganzen Tag lang durch den Regen quäle. Warum ich anfange, das Brennen in den Oberschenkeln als gerechte Strafe für irgendetwas zu empfinden, und den Schmerz immer mehr genießen kann.

Die vielen kurzen Steigungen versuchen wir, im höheren Tempo zu nehmen. Sobald es bergab geht, lassen wir es rollen, um uns nicht vom starken Fahrtwind weiter auskühlen zu lassen.

Vor einer längeren Abfahrt ziehe ich die Gott sei Dank noch trockene *Gazzetta dello Sport* aus der Radtasche. Mit eisigen Fingern gelingt es mir, die Regenjacke zu öffnen. Ich stecke mir die Zeitung aufgeklappt unters T-Shirt. Tatsächlich bringt mir das ein wenig Wärme zurück, bevor auch das Zeitungspapier Schritt für Schritt von der Nässe erobert wird.

In einer überdachten Bushaltestelle machen wir kurz Halt, erleichtern uns am Straßenrand und stopfen uns die Schokobrötchen in den Mund, die Stefan am Morgen im Supermarkt geholt hat. Unsere Taktik, möglichst in Bewegung zu bleiben und nur zum Pinkeln anzuhalten, geht erstmal auf. Wir finden einen Rhythmus und ich nehme Stefans Windschatten erneut dankbar an. Auch wenn mein

Gesicht durch die nie endende Fontäne seines Hinterrades von braunen Tropfen übersät ist.

Meine Beine haben begonnen, ein Eigenleben zu führen. Sie kreisen wie von selbst in flüssigen Bewegungen, als wüssten sie, dass dies der einzige Weg ist, um nicht zu frieren. Durch die eingeschränkte Sicht beginnt mein Kopf noch schneller mit der Selbstbeschäftigung. Allerdings ist es nicht nur das scheinbar wahllose Springen in verschiedene Epochen meiner Vergangenheit. Recht häufig kommt es mir vor, als würde ich alltägliche Dinge plötzlich zum ersten Mal betrachten und verstehen wollen. Das läuft ungefähr so ab:

Die Klettverschlüsse meiner Jacke sind durchnässt. Funktionieren die dann überhaupt noch? Wie funktioniert so ein Klettverschluss überhaupt? Wie eine Klette? Mit winzigen Haken? Warum funktionieren dann nur beide Seiten zusammen? Hat die eine Seite kleine Schlaufen zum Festhalten der Haken? Was für eine geniale Erfindung! Wie lange gibt es überhaupt schon Klettverschlüsse? Ich glaube, das muss ich heute Abend mal googeln.

Das neugierige Kind in mir scheint sich in diesen Tagen seinen Weg nach draußen zu bahnen. Überhaupt fühle ich mich deutlich jünger als vor dem ersten Tag im Sattel. Mit 38 hatte ich eine Phase erreicht, in der ich glaubte, alles schon einmal gesehen zu haben. Alltagsgespräche, die nur noch aus Phrasen bestehen. Eine Abgeklärtheit, die giftig werden kann, wenn man glaubt, alles verstanden und erlebt zu haben. Gleichzeitig eine unbestimmte Angst vorm Älterwerden. Angst, die beste Jahre schon hinter sich zu haben. Oder schlimmer, ohne es zu merken, eine „Abwinkmentalität" zu entwickeln, die irgendwann in stiller Resignation enden wird. Jetzt bin ich hier, und auch wenn ich das verkrampfte Verlangen, wie besessen in der Gegenwart zu leben, mit ironischer Distanz betrachtet habe, muss ich zugeben, dass die Gegenwart in diesen Tagen einfach am richtigen Platz ist. Die immer wieder aufkommenden, intensiven Erinnerungen nehme ich jedoch dankend an. Es ist, als würde das endlose Drehen der Beine Stück für Stück eine über Jahre herangewachsene Schicht abtragen.

Die schwer am Himmel hängenden Wolken lassen die Dämmerung noch etwas eher beginnen. Noch eine gute Stunde bis Siena. Ich spüre meine Zehen nicht mehr. Immer wieder puste ich das herunterlaufende Wasser von meiner Unterlippe. Auch Stefans Gesicht lässt zum ersten Mal Schmerzen erahnen. Die kurze Nacht und der Alkohol, verbunden mit der mittlerweile sechsstündigen Fahrt durch den Regen, muss auch diesem so unzerstörbaren Mann irgendwie zugesetzt haben. Er stellt den Garmin wieder in den „Asphaltmodus", da sämtliche Kies- und Feldwege kaum noch passierbar sind. Die letzte Stunde haben wir uns mit 8-10 km/h durch Schlamm und Pfützen gekämpft. Mehrfach standen wir bis zur Kniekehle im Wasser. Die Aussicht auf das baldige Ende dieses Regenritts setzt nochmal ungeahnte Energiereserven frei. Im Wiegetritt nehmen wir nebeneinander die letzte Steigung und feuern uns gegenseitig mit improvisierten Schimpfwörtern an.

„Beißen, du Hummelhirn!"
„Zieh nochmal, du Pastapimmel!"

Das vernebelte, graublaue Panorama der ersten Häuser Sienas lässt uns spontan im Sopran jubeln. Es ist wieder ein Gefühl der Unbesiegbarkeit, wie damals auf dem Jakobsweg. Nur dieses Mal ist es weniger überheblich. Ohne die Lust darauf, besser als andere zu sein. Unbesiegbar, weil man noch hier ist und irgendwie ankommt.

Wir erreichen den hügeligen Stadtkern und finden in den verwirrenden Gassen nur mit Mühe unsere Unterkunft. Dort müssen wir einen Code eingeben, um an unsere

Schlüssel zu gelangen. Schnaufend tragen wir die Räder die steile Steintreppe empor.

Das Apartment ist winzig, dafür aber mit einem riesigen Fernseher und einer High-Tech-Espressomaschine ausgestattet. Erst jetzt merke ich, dass auf der Oberseite meiner „Arschrakete" ein langer Riss klafft. Unabhängig davon ist der komplette Inhalt unserer Taschen durchnässt. Das angeblich wasserdichte Material hat seinen Dienst verweigert. Wir nutzen jeden Winkel des Apartments, um Klamotten aufzuhängen. Woher Stefan die Kraft nimmt, seelenruhig mit einem Spüllappen unsere Räder zu putzen und dabei noch Dinge zu sagen wie „damit ihr morgen auch schick seid, für den nächsten Ausritt", ist mir unbegreiflich.

Abgesehen von der Kälte hat nun auch der Hunger Besitz von meinem Körper ergriffen. Ich finde einen aufgeweichten Energieriegel in der Pfütze am Boden meiner Lenkertasche und versuche, mich mit letzter Kraft unter die Dusche zu retten. Meine ehemals weißen Socken kleben wie nasser, brauner Gips auf meiner Haut. Nur mit Mühe kann ich mich aus ihnen herausschälen. Das heiße Wasser lässt meine Haut angenehm brennen. Nur meine Füße und Hände scheinen noch nicht wieder zu meinem Körper zu gehören. Das Wasser perlt an ihnen ab. Die blasse, aufgedunsene Haut wirkt wenig lebendig. Wie Brötchen, die sich mit Wasser vollgesaugt haben, hängen sie am Ende meiner Gliedmaßen.

Während Stefan duscht, versuche ich ein paar wenige Kleidungsstücke trocken zu föhnen, damit wir das Nötigste haben, um essen zu gehen, ohne dabei von der Polizei angehalten zu werden. Den durchweichten Zettel von Giuseppe finde ich in einem meiner ebenfalls durchweichten Notizbücher. Nach kurzer Recherche am Handy stelle ich fest, dass sich eine der von ihm notierten Trattorien nur wenige Gehminuten entfernt von unserem Apartment befindet. In T-Shirt und Jogginghose machen wir uns auf den Weg, mehr konnten wir in der kurzen Zeit nicht trocknen.

Für die Optik nehmen wir noch einen feuchten Pullover unter den Arm.

Die Trattoria gleicht einer in warmes Licht getauchten Höhle. Wir finden einen letzten freien Tisch in der Ecke und stöbern in der Karte. Ohne viel zu übersetzen, bestellen wir jeweils vier Gänge, die gehaltvoll klingen. Unsere unterzuckerten Hirne wären eh nicht mehr fähig zu einer sachlichen Entscheidungsfindung gewesen. Gierig stürzen wir uns auf den Brotkorb und tunken die Scheiben tief in Olivenöl. Stefan versucht gar nicht erst, den Schein zu wahren und schlingt, als gäbe es kein Morgen. Er zieht seinen Zeigefinger durch die Reste des Öls und leckt ihn genüsslich ab. Manchmal ist dieser Mann so authentisch, dass es wehtut. Während ich immer bemüht bin, meine Rollen zu spielen, im Wissen, dass wahre Authentizität bei mir nicht zwangsläufig etwas Gutes hervorbringt, war er schon immer einfach er selbst. Äußere Etikette ist ihm nicht nur gleichgültig, sie scheint für ihn nicht zu existieren.

Wir warten auf den ersten Gang. Stefan beginnt, mit prall gefülltem Mund über die Unterschiede zwischen Trattoria, Osteria und Ristorante zu philosophieren.

Sein Resümee: „Am Ende wird überall gekocht."

Die Bedienung trägt ein recht frisch geschlüpftes Baby in einer Trage vor der Brust und küsst ständig das leicht beflaumte Köpfchen. Sie bringt mit tanzenden Schritten *Bruschetta* und *Crostini neri*. Wir geben über drei Oktaven stöhnende Geräusche von uns. Im nächsten Gang bekommen ich ein *Ragù di Funghi* auf *Tagliatelle*. Stefan werden *Tortelli Maremmani*, gefüllt mit Spinat, Ricotta und frischen Kräutern serviert. Ich stelle mir vor, wie das Lokal diese Kräuter von Ernesto bekommen hat. Wie er jeden ersten Samstag im Monat seinen Berg nach Castel del Rio hinunter marschiert und diese duftenden Päckchen versendet, dann noch ein paar Einkäufe macht und anschließend wieder zurück in sein Paradies wandert.

Erst jetzt bemerken wir, dass am Nachbartisch ein deutsches Ehepaar sitzt und uns mit verstohlenen Blicken mustert. Es bleibt ein ewiges Rätsel, warum sich deutsche Touristen im Urlaub so ungern über den Weg laufen. Wenn italienische Touristen anderen italienischen Touristen im Ausland begegnen, kommt es zu einer euphorischen Blitzverbrüderung. *Limoncello* und *Tiramisu* für alle. Wenn sich englische oder französische Landsfrauen und Landmänner zufällig im Ausland treffen, werden Tipps ausgetauscht oder es wird ungeniert über die Gepflogenheiten der Einwohner des bereisten Landes hergezogen. Und wir Deutschen? Wir sitzen hier, in dieser reizenden Trattoria in Siena, zwei Meter voneinander entfernt, und schämen uns.

Ebenso ist es für viele Deutsche immer mit einem gewissen Schamgefühl verbunden, wenn sie ihr Heimatland preisgeben müssen. Doch hat dieser streng gepflegte Unpatriotismus durchaus etwas Liebenswertes. Der gemeine Deutsche scheint Heimatliebe bevorzugt in überzogenem Lokalpatriotismus auszuleben, weil das historisch weniger bedenklich ist. Jedes noch so highlightlose Kaff rühmt sich mit vermeintlich wichtigen geschichtlichen Ereignissen („Wir Ditzinger haben 1974 die erste Nacktschnecken-Weltmeisterschaft ins Leben gerufen."), prahlt mit seltsamen Rekorden („Wir in Triberg haben hier das kleinste Standesamt Deutschlands.") oder schmückt sich auf riesigen Plakaten mit den Visagen von D-Promis („Sie wurde Achte bei der dritten Staffel *Germany's Next Topmodel*."), die irgendwann mal das Pech hatten, dort geboren worden zu sein. Wären wir nur alle im Herzen Europäer. Wir würden uns nicht mal schämen, in einer Trattoria neben Deutschen zu sitzen.

Die Bedienung kommt schwungvoll mit den Hauptgerichten um die Ecke. *Bistecca alla Fiorentina*, ein riesiges Steak für Stefan, und eine toskanische Hähnchenpfanne für mich. Durch die Wärme der Kerzen und die vielen Stunden an der frischen Luft leuchten unsere Wangen, wie jeden

Abend. Beim Abräumen der Teller lobt uns die Frau mit dem Baby in der Trage für unseren gesunden Appetit.

„Molto affamati, molto affamati!"

Wieder ein Mensch, der alles zweimal sagt. Unfassbar, mit welcher Energie sie womöglich über sieben oder acht Stunden durch das Lokal fliegt, pausenlos redet und zwischendurch ihr Kind stillt, wahrscheinlich noch im Gehen. Die lässige Selbstverständlichkeit, mit der man in Italien die Kinder in das eigene Leben integriert, ist fast schon provokant.

Ich spüre mein Handy in der Tasche vibrieren. Eine Nachricht von Ernesto, an den ich erst vor wenigen Minuten denken musste. Er möchte das Video von Stefan und mir auf seinem Instagram Kanal veröffentlichen. Ich klicke auf den Link am Ende seines kurzen Textes. Stefan und ich sitzen strahlend auf unseren Rädern und winken in die Kamera. Langsam rollen wir los und verschwinden schließlich hinter den Bäumen. Das Video ist mit etwas zu kriegerischer Musik untermalt. Es wirkt, als würden wir in die Schlacht ziehen. Simply perfect, schreibe ich ihm zurück. Dabei fällt mir ein, dass ich mich noch über Klettverschlüsse informieren wollte. Ich frage kurz Google: Ihre Funktionsweise entspricht ungefähr meiner Vorstellung. Es überrascht mich, dass sie erst 1951 erfunden wurden. Also rund 75 Jahre nach dem Telefon.

Wir trinken noch einen *Marsala* und geben ein eventuell etwas zu hohes Trinkgeld. Dann verlassen wir selig die Trattoria. Der schwarze Himmel wirft den Regen in Schüben auf die Straße. Wir decken uns mit ein paar Süßigkeiten vom Kiosk ein und schlendern zu unserem Apartment, während Menschen auf der Flucht vor dem Regen an uns vorbeirennen. Normalerweise hätten wir uns wohl auch heute in eine Bar gesetzt, trotz unseres Schlafdefizits. Doch hier feiert heute niemand mehr. Auf dem kurzen Weg werden wir nass bis auf die Haut. Dieses Mal wickeln wir uns gleich nackt in die Bettdecken ein.

„Was soll jetzt eigentlich noch kommen?", fragt Stefan, ohne eine Antwort zu erwarten.

„Deine Magen-Darm-Kacke, Sonne, Party, Reifenpanne, Dauerregen. Wir haben doch jetzt alles dabeigehabt."

„Ja, eigentlich könnte das hier der krönende Abschluss sein. Aber morgen geht's bis an Meer. Das fehlt uns noch."

Stefan zieht nochmal sein Handy vom Ladekabel und greift beherzt in die Chipstüte.

„130 Kilometer. Längster Tagesabschnitt. Immerhin recht flach. Auf den Wetterbericht schaue ich lieber nicht."

Wir kniffeln noch eine Runde und schalten bald das Licht aus. Das Rauschen des Regens erfüllt den Raum durch das weit geöffnete Fenster. Meine Haut ist heiß und trocken. Mein Puls ist deutlich langsamer als das Ticken der alten Wanduhr. Gestern haben uns noch die Lichter des Nachtlebens, laute Musik und eine Menschenmenge Glücksgefühle bereitet. Heute ist es genau das Gegenteil.

Es ist, als würde ich durch die Erschöpfung und das Rauschen von draußen in ein Geheimnis eingeweiht werden. Als würde ich in einen kindlichen, vielleicht sogar embryonalen Zustand zurückkehren. Ein Häufchen Leben, bestehend aus wenigen, frischen Zellen. Als hätte der Regen alles Überflüssige weggespült. Die Antworten auf wortlose Fragen liefert fast immer der eigene Körper.

Vertrauen
Frühling 1993

Seine Schwester war schon längst eingeschlafen. Ihre großen, schlanken Hände hielten ihr geliebtes Pferdekissen fest im Arm. Ihr Mund war leicht geöffnet und ihr Kopf fiel gelegentlich Richtung Schulter. Er schaute nach vorn. Durch die Scheibe sah man nur die von den Scheinwerfern des Autos beleuchtete Straße. Die beiden CDs von Tracy Chapman liefen in Endlosschleife. Er verstand kein Wort, doch die Songtitel hatte ihm seine Mutter übersetzt.

Über die Revolution reden
Schnelles Auto
Über die Linien
Hinter der Wand

Er kannte die Reihenfolge der Lieder auswendig und manchmal ließ er sich die beiden CD-Hüllen nach hinten reichen, um minutenlang die schwarze Frau auf dem Cover anzustarren, die so traurig wirkte. Wenn man nicht traurig wäre, könnte man nie so schön singen, dachte er.

Unter der Kopfstütze vor ihm bahnten sich die Locken seiner Mutter ihren Weg. Auch sie schien zu schlafen. Er studierte das vertraute Profil seines Vaters, der mit seinem Zeigefinger zum Rhythmus der Musik auf das Lenkrad tippte und hellwach wirkte, obwohl er seit vielen Stunden am Steuer saß. Er schien die Blicke seines Sohnes zu spüren und drehte sich um.

„Nur noch eine Stunde", flüsterte er.

Kurz darauf steckte er ihm ein Eisbonbon zu und zwinkerte komplizenhaft in den Rückspiegel. Es war eine Kunst, mit nur einem Zwinkern so viele Dinge zu sagen:

Bald haben wir es geschafft. Wir wissen mehr als deine Mutter und deine Schwester. Das muss unser Geheimnis bleiben. Alles ist gut.

Der Junge drückte seine Stirn gegen die angenehm kühle Seitenscheibe. Für einen Moment wünschte er sich, die Fahrt würde noch ein paar Stunden länger dauern. Die ständigen Diskussionen seiner Eltern hatten ihm Angst gemacht. Nun schien für kurze Zeit wieder alles klar zu sein. Erwachsene diskutieren nun mal.

Das Verstummen des Motors ließ ihn aufschrecken. War er doch noch eingeschlafen? Auf seiner Zunge spürte er das letzte Plättchen des Eisbonbons. Kurze Zeit später trugen ihn zwei starken Arme in das Ferienhaus.

Sein Vater zog ihm noch die Hose aus, deckte ihn sorgfältig zu und streichelte ihm mit seiner rauen, duftenden Hand den Kopf. Für einen Moment verkrampften sich die dünnen Beine des Jungen. Seine Arme zuckten mehrmals. Er hört das sanfte Lachen seines Vaters. Sie nannten das „Gemütlichkeitskrämpfe" – der perfekte Zustand kurz vor dem Einschlafen.

Es sollte das letzte Mal sein, dass er „Gemütlichkeitskrämpfe" hatte. Wenige Monate später trennten sich seine Eltern und die Welt drehte sich aus unerklärlichen Gründen weiter. Tracy Chapman hörte er nur noch allein in seinem Zimmer und sein Vertrauen in die Dinge schien erste Risse bekommen zu haben.

5. Etappe

Siena - Orbetello

„Die Zeit überschlägt sich wie ein Stein vom Berge herunter, und man weiß nicht, wo sie hinkommt und wo man ist. "

Johann Wolfgang von Goethe

Das Fenster stand die ganze Nacht weit offen. Unten auf der Straße knattern mehrere Vespas vorbei. *Oder heißt es „Vespen"? Und was ist eigentlich der Plural von Plural? Plurale?* Es sind erstaunliche Gedanken, die kommen, wenn man nach dem Aufwachen nicht sofort aufs Handy schaut. Erst heute fällt mir auf, dass mich mein erster Weg jeden Morgen zum Fenster führt.

Der Himmel hat sich sein Blau zurückgeholt und wird von hektischen Altocumuluswolken durchzogen. Altocumulus – was man doch für seltsames Wissen aus der Schulzeit mitnimmt.

Keine zwanzig Meter entfernt unterhalten sich lautstark zwei füllige Frauen von Fenster zu Fenster. Beide haben ihre Unterarme auf ein Kissen gestützt. Es scheint, als würden sie täglich viel Zeit in dieser Pose verbringen. Die eine scheint ein echtes Gagfeuerwerk abzufackeln. Jeden Witz untermalt sie mit ihrem asthmatischen Lachen. Die andere wiehert anerkennend vor sich hin und winkt dabei in regelmäßigen Abständen ab. Ich zapfe mir einen Kaffee, der erste selbstgemachte auf dieser Reise, hole mir ebenfalls ein Kissen, und stütze mich mit den Unterarmen aufs Fensterbrett, um den beiden Frauen noch ein wenig zuzuhören.

Eine Stunde später suchen wir einen Waschsalon auf. Unsere gesamte Kleidung einmal waschen und trocknen, das ist der Plan. Neuanfang. Der Regen hat uns auf Werkseinstellung zurückgesetzt. Zumindest fühlt es sich so an. Stefan hatte recht: Im Grunde haben wir in den ersten vier Tagen alles mitgenommen. Doch bis Rom sind es noch mehr als 300 Kilometer. Weitermachen.

Während unsere Klamotten in der Trommel ihre Runden drehen, muss Stefan ein äußerst wichtiges, dienstliches Telefonat führen. Ich nutze die Zeit, um ein wenig von Siena zu sehen. Ohne Ziel streife ich durch die hallenden Gassen und lande fast zwangsläufig auf der *Piazza del Campo*, einem muschelförmigen Platz, auf dem zweimal jährlich Pferderennen stattfinden. Während ich die konzentrierten Touristen beobachte, fühle ich mich angenehm fremd. Es ist eine vertraute Gedankenfolge:

Ich bin hier nicht zu Hause. Ich bin aber auch nicht wie diese Touristen. Ich gehöre nicht dazu. Ich bin mit dem Fahrrad aus Bologna hier. Ich muss wohl ein wenig stärker und klüger als die anderen sein. Ich bin etwas Besonderes.

Für einen Moment spüre ich Ekel vor mir selbst. Woher kommt dieses Gefühl der Überlegenheit? Ist es vielleicht nur ein Gefühl der Minderwertigkeit, das sich als Überheblichkeit tarnt? Woher kommt diese Wut auf alles Durchschnittliche? Ist es Neid? Der Wunsch dazuzugehören? Oder ist weder mir, noch irgendeinem Menschen jemals aufgefallen, dass ich ein klassischer Narzisst bin? Ich werde hier und jetzt keine Antwort darauf finden.

Mitten auf dem Platz steht eine alte Frau mit einem Bauchladen aus Holz. Sie verkauft kleine Schwarzweißbilder. Es scheinen Familienfotos zu sein. Menschen in ihrem Alltag, irgendwann in den 50er und 60er Jahren aufgenommen. Die Leute stehen Schlange. Auch ich kaufe zwei Fotos für einen Euro. Das eine zeigt einen jungen Mann, der sich skeptisch im Spiegel betrachtet. Er trägt einen Anzug und sein Haar ist sorgfältig zur Seite gestriegelt. Auf dem zweiten Bild sitzt eine elfköpfige Familie am Esstisch. Im Hintergrund kann man Olivenbäume erahnen. Bis auf eine alte Frau, die abwesend in die Ferne schaut, scheinen alle Personen gleichzeitig zu sprechen.

Distanz
Frühling 2003

Eigentlich hatte er nur die alte Dartscheibe im Keller gesucht. Fündig wurde er nicht.

Stattdessen stieß er auf eine Schachtel mit hunderten Urlaubsfotos aus den 80ern und 90ern, allesamt von seinem Vater geschossen. Im ersten und zweiten Stapel nahm seine Mutter das gesamte Bild ein. Gegenstände dienten lediglich als Accessoires, um ihre aufdringliche Schönheit hervorzuheben.

Mal nippte sie verträumt an einer Tasse Tee, mal studierte sie konzentriert eine Landkarte. Ihre vierundzwanzigjährige Hülle war auf dem Zenit ihrer Vitalität angekommen und man spürte förmlich, wie in der Sekunde nach dem Auslösen eine Hand seines Vaters nach vorne schnellen würde, um sie zu berühren. Im nächsten Stapel waren er und seine Schwester geboren. Die ersten Farbbilder wirkten ein wenig beunruhigend nach der schwarzweißen Ästhetik. Nun waren die Kinder der Mittelpunkt und die Mutter blickte, wenn sie überhaupt mit auf dem Bild war, mit einer belustigten Gereiztheit in die Kamera.

Mit jedem Stapel entfernte sich seine Mutter ein Stück weiter von der Linse. Oft war sie nur noch Beifang beim Abschießen einer Landschaft oder einer Sehenswürdigkeit, legte pflichtbewusst ihren Arm um eine Statue, oder saß kauend auf einem Felsen.

Er wusste nicht, ob sich seine Eltern tatsächlich Jahr für Jahr voneinander entfernt hatten. Er wusste nicht einmal, warum sie sich überhaupt getrennt hatten.

107

Wobei diese Frage leichter erschien, als die Frage, wie sie eigentlich zueinander gefunden hatten. Er hätte fragen können. Er hatte endlos Zeit gehabt. Aber irgendwann riss dieses unsichtbare Seil. Alle Fragen schienen unnötig. Unnötig aufwühlend für alle Beteiligten. Stehen sie doch alle auf ihren eigenen Inseln, mit dem guten Recht, allein zu sein.

Ihm fiel ein, dass er die Dartscheibe im Jahr zuvor schon einmal aus dem Keller geholt hatte, nur um sie wenige Wochen später wieder hinunterzubringen. Er mochte das laute Geräusch der einschlagenden Pfeile nicht.

Für meine Mutter nehme ich noch einen kleinen Umweg in Kauf. Mein Smartphone führt mich zum *Caffè Alessandro Nannini*. Die unverwechselbare Stimme Gianna Nanninis begleitete mich durch die 90er Jahre. *Bello e impossibile* lief in Endlosschleife, während wir die Taschen für die Reise packten.

„*Bello e impossibile* - ein unmöglicher Hund", hatte irgendwer mal im Radio gesagt. Auch wenn ich den Witz nicht verstand, wiederholte ich ihn immer wieder vor Erwachsenen, um ein paar Lacher zu ernten.
Giannas Bruder Alessandro hat hier in Siena die Familientradition fortgeführt und leitet das *caffè*. Er selbst war jahrelang Formel-1-Pilot und verlor dabei einen Unterarm. Ich kaufe ein Pfund Kaffeebohnen und eine Porzellantasse für meine Mutter. Sofort bereue ich es. Jedes Gramm zählt auf dem Fahrrad.

Stefan ruft an. Er hat unsere Wäsche in den Trockner geworfen. Wir treffen uns vor einem Einkaufszentrum. Dort suche ich einen leichten Radrucksack, schließlich habe ich nach dem Riss der „Arschrakete" ein Gepäckstück weniger. Nur fünf Minuten später verlasse ich das Kaufhaus mit einem leuchtend roten Modell.

Einen kurzen, längst überfälligen Abstecher zur Apotheke mache ich dann doch noch. Es wird Zeit, das tagelange Brennen in der Speiseröhre zu bekämpfen. In einem Anfall von Übermut versuche ich es ohne Vorbereitung:

„Buongiorno, ho bisogno di qualcosa contro, äh, äh, contro brennero di sodo."

Die Apothekerin schaut, als hätte ich mich soeben in einen grinsenden Blueberry Muffin verwandelt. Brennero di sodo? Was stimmt denn nicht mit mir? Zu allem Überfluss gestikuliere ich noch wild an meinem Oberbauch herum und blase die Wangen auf. Schließlich gebe ich auf und hole beschämt mein Handy raus.

„Ustione da soda", flüstere ich kleinlaut.

Sie gibt mir ein grünes Pulver für 2,50 Euro. Ich schließe desillusioniert die bimmelnde Apothekentür. Nach ein paar Tagen in Italien sah ich mich als charismatischen, sprachgewandten Landstreicher auf dem Rad von Ort zu Ort ziehen, fähig mit jeder beliebigen Person ins Gespräch zu kommen. Nun wird die Apothekerin sicher etwas von *tedesco pazzo* vor sich murmeln. Die spinnen, die Kartoffeln. *Patate strane.*

Wir kehren zurück zum Waschsalon. Es ist ein befriedigendes Gefühl, die saubere, duftende Wäsche zu falten und in unsere Taschen zu legen. Wir lassen uns Zeit. Auch wenn wir wissen, dass wir heute noch viele Stunden auf dem Rad vor uns haben.

Unser nomadenhaftes Reisen hat allerhand Vorteile. Wir sehen unglaublich viel, haben das Gefühl, immer in Bewegung zu bleiben, auch im Kopf. Zu den wenigen Nachteilen gehört, dass wir auch die schönsten Orte schon bald wieder verlassen müssen. Oft habe ich das Gefühl, ein Ort möchte mir noch etwas mit auf den Weg geben, doch bleibt nicht genug Zeit, um die Botschaft zu verstehen. Siena werde ich wiedersehen, da bin ich mir sicher.

Wir nehmen die 130 Kilometer in Angriff. Schon bald wird klar, dass Stefan vielleicht doch nicht ganz recht hatte. Wir haben noch längst nicht alles auf dem Rad erlebt. Ein neuer unsichtbarer Feind begleitet uns: der Wind.

Sobald wir die Stadt verlassen, bläst er uns mürrisch ins Gesicht. Es fühlt sich an, als würde sich jemand von hinten an unsere Räder klammern. Selbst gemütlicher Small Talk ist kaum möglich. Die Luft schreit uns von allen Seiten an.

Das Atmen fällt schwer. Stefan scheint der Wind regelrecht anzuspornen. Mit einer Urgewalt tritt er in die Pedale. Ich mache mich hinter ihm so klein wie möglich, seinen Hinterreifen und meinen Vorderreifen trennen nur wenige Zentimeter. Jede Unaufmerksamkeit könnte schmerzhaft werden, vielleicht sogar unsere Reise beenden. Ich könnte abreißen lassen und mein eigenes Tempo fahren. Doch befürchte ich, einfach weggepustet zu werden, sobald ich allein in der Ebene wäre. Es ist wie auf einem Laufband. Einfach langsamer werden wäre fatal. Zum ersten Mal wünsche ich mir die Berge zurück. Steile Serpentinen, die mich vor der wütenden Luft schützen.

Da durch den Lärm des Windes keine echte Kommunikation zwischen uns möglich ist, kommen meine Gedanken am heutigen Tag noch schneller in Tritt. Der Wind scheint ein aggressives, aber nicht unangenehmes Grundgefühl in mir auszulösen, das sich alle paar Minuten einen Weg zur Oberfläche sucht.

Wut als Antrieb. Scheinbar grundlos schreie ich ins Nichts. Der Wind frisst meine Stimme. Auch der Rucksack scheint in den ersten Stunden nicht gerade zu meinem Wohlbefinden beizutragen. Die Träger schneiden sich in meine Schultern. Ich möchte meinen Panzer abschütteln.

Mut
Sommer 1992

„Ich bin Gameover! Kannst jetzt!", hörte er seine Schwester rufen, die sich auf einer Hollywoodschaukel eingerollt hatte.

Soeben hatte sie die dritte Runde Tetris beendet. Nun war er dran. Doch etwas anderes hatte seine Aufmerksamkeit erregt.

„Mach ruhig weiter, du musst noch üben", sagte er geistesabweisend.

Die Mittagssonne hatte fast ihren höchsten Punkt erreicht. Er ging kurz ins Steinhaus, um sich eine kalte Limonade aus dem Kühlschrank zu holen. Seine Augen hatten sich so sehr an das gleißende Sommerlicht gewöhnt, dass das dunkle Haus ihn kurzzeitig erblinden ließ. Doch er wusste, dass es genau sechs Stufen bis zur Küche waren. Er öffnete den Kronkorken mit einem Löffel, das hatte ihm sein Vater beigebracht.

Als er wieder nach draußen kam, setzte er sich mit der kleinen rundlichen Glasflasche unter einen Baum und beobachtete erneut die brüchige Steinplatte hinter dem Haus. Er bildete sich ein, sie würde sich von Zeit zu Zeit ein winziges bisschen bewegen, doch sicher war er sich nicht. Er genoss das süße Prickeln der Limonade auf der Zunge und drückte sich die kühle Flasche in den Nacken. Weit unten im Tal hörte er die Kirchturmglocken läuten, viel höher als die Glocken seiner Heimatstadt.

Er legte den Kopf in den Nacken und wartete geduldig, bis auch der letzte Tropfen in seinen Mund fiel. Jetzt war er so weit. Er stand auf, kurz wurde ihm schwindlig, doch sammelte er sich schnell und machte vier vorsichtige Schritte. Der letzte Glockenschlag hallte noch einige Sekunden nach. Dann hört er nur noch den eigenen Atem. Entschlossen packte er die Steinplatte an einer Seite. Seine dünnen, kräftigen Arme hatten wenig Mühe, sie hochzuheben. Er hatte sie sich deutlich schwerer vorgestellt. Bei drei schaute er nach unten.

Als hätte man ihn in eiskaltes Wasser geworfen, versuchte er vergeblich, Luft in seine Lungen zu ziehen. Er war sich sicher: Er hatte die Hölle gefunden. Hunderte von Asseln, Maden und Käfern krochen in alle Richtungen innerhalb des Vierecks, das die Platte in die Erde gedrückt hatte. Die wabernde Masse von Tieren gab knackende Geräusche von sich. Er widerstand dem Impuls, die Platte einfach wieder fallen zu lassen. Würde er die Tiere nicht dabei zerquetschen? Wie waren sie überhaupt darunter gekommen? Oder gab es noch einen winzigen Raum zwischen Erde und Platte, in dem sich die Tiere bewegen konnten? Er schaffte es, die Platte vorsichtig zu senken und ließ dann los. Vorbei. Kein Geräusch mehr.

Neugierig betrachtete er seine erdigen, zitternden Hände. Die scharfen Kanten der Platte hatten seine Handflächen aufgekratzt. Ekel spürte er nicht. Nur Angst. Wollten diese Wesen von ihm befreit werden? Hatte er sie gestört? Ratlos ging er eine Runde um das Steinhaus. Seine Schwester starrte auf den Game Boy. Die ewig gleiche Tetrismusik stellte sie immer aus. Er fand das sehr erwachsen. Suchend schaute er ins Tal, wo er das leichte Schwingen der Glocke im Kirchturm noch wahrnehmen konnte. Die Sonne stand gelangweilt am wolkenlosen Himmel.

Er schmiedete einen Plan, denn er ahnte, dass es die Angst vor der Angst sein musste. Auch wenn er keine Worte dafür hatte. Er würde solange unter die Steinplatte schauen, bis die Angst verschwunden war.

Als er die Platte das zweite Mal anhob, wuselten die nackten Wesen noch schneller durcheinander. Es kostete ihn Kraft, sich zum Zuschauen zu zwingen. Er war erleichtert zu sehen, dass beim ersten Mal anscheinend niemand zu Schaden gekommen war. Wieder senkte er nach wenigen Sekunden behutsam die Platte. Beim dritten Mal nahm er all seinen Mut zusammen und legte die Platte zur anderen Seite. Die Tiere waren frei. Bald krochen die ersten Käfer aus dem Viereck heraus. Er wich zurück. Die knackenden Geräusche wurden leiser.

Von nun an verbrachte er jeden Tag bis zur Abreise mehrere Stunden damit, neben dem Viereck zu sitzen. Täglich wurden es weniger Tiere. Bis zum letzten Tag hatten alle den Weg nach draußen geschafft. Die Platte stellte er senkrecht an die Hauswand, aus Angst, es könnte ein neues Stück Hölle darunter entstehen.

Gleich neben der Straße grast eine Schafherde. Etwa 30 Tiere stehen malmend beieinander. Der starke Wind scheint ihnen nichts auszumachen. Am Horizont fügen sich die sanften grünen Hügel friedlich ineinander. Wir setzen uns ins Gras, teilen eine Melone, die Stefan mit dem *Opinel* Messer geschlachtet hat, und genießen dieses epische, zeitlose Bild. An den ersten Tagen sah ich die Landschaft durch einen Filter, immer auf der Jagd nach guten Motiven. Nun sehe ich sie unverfälscht. Ich bin mit meinem Fahrrad ein Teil von etwas Größerem geworden. Kein Tourist, den man in die Natur geworfen hat.

Wir haben etwas mehr als die Hälfte der Tagesstrecke hinter uns gebracht. Gefrühstückt haben wir nicht, nur ein paar schnelle Riegel und die Melone unterwegs verzehrt.

„Zeit für eine Zwipi!", verkündet Stefan.
„Was?"
„Eine Zwipi. Zwischenpizza."

In der Tat ist es für uns schon zur Gewohnheit geworden, zu jeder Gelegenheit ein Stück Pizza abzugreifen. Es scheint die perfekte Mahlzeit für Radreisende zu sein – viel Energie und die Reste kann man auch ein paar Stunden später noch ohne Besteck auf dem Rad verputzen. Schon im nächsten Dorf werden wir fündig.

Während mich Pausen in den ersten beiden Tagen oft etwas unruhig gemacht haben, genieße ich sie mittlerweile mit allen Sinnen. Es ist herrlich, so wenig Worte wechseln zu müssen, wenn es um Nahrungsbeschaffung geht. Einer bleibt bei den Rädern, der andere geht los und bringt einfach ein paar Dinge mit, die dem anderen gefallen könnten.

Auch wenn wir dabei verhältnismäßig wenig ausgeben, ist es purer Luxus, dabei keinen Gedanken an Geld verschwenden zu müssen. Ohne unsere einstige „Studentenarmut" glorifizieren zu wollen – sie war dennoch nötig, um das hier schätzen zu können. Wie oft haben wir unsere Restmünzen zusammengeklaubt, um irgendwie am sozialen Leben teilnehmen zu können? Im Kühlschrank wieder nur noch Licht und saure Gurken, während man eine Packung Aufbackbrötchen vom letzten Pfandbon ergattert. Nein, das hat nichts mit wirklicher Armut zu tun. Dennoch schärft es die Sinne, wenn Essen keine Selbstverständlichkeit ist.

Die Stunden vergehen und meine Beine drehen sich. Nichts passiert. Wir fahren gegen den Wind und ich muss auf nichts reagieren, abgesehen von Stefans Hinterreifen. Das Rad ist zu einem sicheren, gemütlichen Ort geworden. Auch wenn das Wort gemütlich unangebracht scheint. Der Sattel ist mein Sofa, der Lenker mein Schreibtisch.

Seit dem ersten Tag der Reise fühle ich mich, als hätte ich eine Bühne verlassen. Mein Alltag ist eine einzige Performance. Ich bin pausenlos mit reagieren, planen und kommunizieren beschäftigt. Dabei gibt es, beruflich und privat, oft nur einen echten Auftrag: Die Menschen um mich herum zum Lachen bringen. Natürlich oft aus dem einfachen Grund, gefallen zu wollen (privat), beziehungsweise Dinge zu verkaufen (beruflich). Nicht selten aber auch aus Unsicherheit, um Harmonie zu schaffen oder zu besänftigen. Schon in den ersten Schuljahren merkte ich, dass es mir leichtfiel, andere zum Lachen zu bringen. Schon bald spürte ich Erwartungen, sobald ich im Unterricht eine Antwort geben sollte.

Mit jedem Schuljahr wurde die Hürde höher. Der Druck entstand nicht im Gefühl, eine richtige, sondern eine lustige Antwort geben zu müssen. Meine Rolle als Klassenclown war in Stein gemeißelt. Aus ihr herauszukommen, war unmöglich. Zwar ist es eine durchaus liebenswerte Eigenschaft, Leute zum Lachen bringen zu wollen, doch macht sie unglaublich müde. Nie ist mir das Offensichtliche aufgefallen: Mein Leben ist an den meisten Tagen ein Podest, auf das ich selbst immer wieder klettere, ohne es zu merken, geblendet vom grellen Scheinwerferlicht. Doch hier auf dem Rad ist alles anders. Niemand schaut mir ins Gesicht. Keine Pointen. Nur das Ankommen zählt. Jeder Tritt hat messbare Auswirkungen. Jeder noch so zähe Kilometer bringt mich weiter an mein Ziel.

Noch ein anderes Gefühl begleitet mich durch die Tage: Ich bin sorglos. Mein Alltag besteht sonst aus der Vermeidung unerwünschter Zustände. Kein Kind sollte krank werden. Ich darf nicht zu spät kommen. Ich sollte eine vernünftige Mahlzeit zubereiten. Die Zeit läuft immer gegen mich. Hier läuft sie mit mir. Es ist ganz egal, wie spät es ist. Es wundert mich ein wenig, wie sorglos ich aus der Ferne gegenüber den Kindern bin. Das größte Handicap am Kinderhaben ist dieses Grundgefühl der Sorge, das wie mein neuer knallroter Rucksack auf meinen Schultern hängt. Es bleibt die ewige Frage, wie mit diesem Rucksack umgegangen werden sollte. Sollte man versuchen, einen Weg zu finden, um etwas Gewicht loszuwerden oder sollte man die Last als unveränderlich akzeptieren und den Halteapparat stärken? Die Sorgen an sich könnte man vielleicht noch bewältigen. Aber die menschliche Weitsicht mit dem Wissen, dass noch etliche Sorgen und dunkle Momente kommen werden, das ist die eigentliche Last. Genau wie das Wissen, dass jedes Kind, egal wie wohlhabend und gesund es sein wird, durch etliche Täler gehen muss und es nichts gibt, was man tun kann, um dies zu verhindern.

Je näher wir dem Mittelmeer kommen, desto waldiger wird es abseits der Wege. Monotone, duftende Wälder, die uns zumindest zeitweise ein wenig Schutz vor dem Wind geben.

„Man nennt das hier auch nicht umsonst das Brandenburg Italiens", witzelt Stefan zufrieden vor sich hin.

„Nur eben Pinien statt Kiefern."

Auch wenn wir überwiegend durch gezähmte, und dennoch wunderschöne Kulturlandschaften rollen, gibt es immer wieder spektakuläre Ausnahmen. Stefans Garmin muss von einem Misanthropen programmiert worden sein. Heute führt er uns auf einen verwilderten Grasstreifen neben der Leitplanke einer vierspurigen Schnellstraße. Büsche, Kletten und Maulwurfshügel. Einen guten Meter Platz, links der Lärm der Motoren, rechts tut sich ein schlammiger Graben auf. Innerhalb weniger Minuten schmeißt es mich gleich dreimal vom Rad. Stefan zückt natürlich sofort das Handy, um meinen erbärmlichen Anblick festzuhalten. Wir johlen um die Wette. Bald geben wir auf und überqueren waghalsig die stark befahrene Straße, um einen autofreien Umweg zu nehmen.

Im Laufe des Tages legt sich ganz unbemerkt die leichte Aggression in mir. Meine Tritte finden trotz des starken Windes ihren Rhythmus, erste Melancholie kommt auf. Schließlich werden heute Abend schon fünf der sieben Tagestouren vollbracht sein.

Während ich es in meiner Jugend meist liebte, in Melancholie zu baden, hat sich dieses angenehme Brennen in der Brust Jahr für Jahr etwas mehr aus meinem Repertoire verabschiedet. Wahrscheinlich braucht es dafür mehr Zeit allein. Vielleicht versteckt sich sie sich auch, wenn man glaubt, so etwas wie einen Platz im Leben gefunden zu haben.

Nur noch zwei ganze Tage auf dem Rad liegen vor uns. Es scheint, als würde ich den Ort vermissen, an dem ich gerade bin, ohne selbst davon Notiz zu nehmen. Es ist die ewige Sehnsucht nach etwas Unbestimmtem, gemischt mit Wehmut über Zeiten, die nie mehr zurückkommen werden. Kann man eventuell auch Menschen vermissen, ohne es zu merken? Oder kann man sogar Menschen vermissen, die es gar nicht gibt und vielleicht auch nie gab? Wie oft sitzen wir da und starren sehnsüchtig ins Leere, ohne zu wissen, was wir vermissen? Wie oft überfällt uns ein Gefühl von Traurigkeit oder sogar Trauer, ohne dass wir wissen, weshalb wir betrübt sind? Sind das vielleicht genau die Momente, in denen wir all die Wesen vermissen, die niemals existiert haben und vielleicht genau das gewesen wären, was wir gebraucht hätten? Oder existieren diese ganzen ungeborenen Wesen eventuell an einem ganz anderen Ort, und nur deshalb können wir sie vermissen? Wer weiß, zu welchen Wundern unser Gehirn imstande ist, ohne es uns jemals mitzuteilen.

Ich hole meinen Kopf langsam in das Jetzt zurück. Wir bezwingen einen sanften Anstieg, dann sehe ich es aus dem Nichts am Horizont glitzern – das Meer. Noch müssen es etwa 30 Kilometer sein. Doch da hinten ist es. Meine kindliche Vorfreude steigt mit jedem Tritt. Das Mittelmeer habe ich viele Jahre nicht gesehen.

Als würden wir den Fluss aus Straßen und Wegen entlang eilen, um zum großen Wasser zu gelangen. Gegen den Strom. Nein, es ist vielmehr wie in einer dieser Dokus über frisch geschlüpfte Schildkröten: Wir strampeln uns ab, um irgendwie das Meer zu erreichen. Wir reden kaum noch und Stefan ist weiterhin meine Lokomotive, mein Schutzschild gegen den Wind. Doch langsam schwinden meine Kräfte. Meine linke Wade macht zum ersten Mal ein paar Probleme, verkrampft sobald ich fester mit dem Fuß in das Pedal drücke. Ich trete fast ausschließlich mit dem rechten Bein.

Der Weg führt entlang der *Oasi di Orbetello*, einem WWF-Naturreservat, wie mir Stefan erklärt. Wie er bei 30 km/h auf einem Fahrrad sitzen, dem Garmin folgen, essen und nebenher noch googeln kann, ist mir schleierhaft.

„Im Herbst und im Winter stehen hier manchmal tausende Flamingos. Aber auch Silberreiher, Stelzenläufer. Das ganze Programm."

Auf den letzten Kilometern lassen wir uns Zeit, obwohl es langsam dunkel wird. Immer wieder halten wir an. Stefan versucht, ein paar Vögel zu fotografieren, ich atme tief ein. Der Duft von Salz und Algen lässt mich automatisch lächeln.

Von Orbetello habe ich vor der Reise noch nie etwas gehört. Stefan erzählte mir heute mehrfach von einer Lagunenstadt. Und tatsächlich: Kurz vor Einbruch der Dunkelheit erreichen wir die Brücke, die uns in den Stadtkern führt. Wieder scheint der Himmel für uns pünktlich zur Zieleinfahrt ein Feuerwerk zu veranstalten. Das Meer baut sich zu beiden Seiten vor uns auf. Wir rollen in Schrittgeschwindigkeit über den breiten Asphaltsteg, den Lichtern von Orbetello entgegen.

Am Ende der Brücke wartet die *Molino Spagnolo*, die spanische Mühle, auf uns. Wieder so ein Anblick, der unwirklich erscheint. Umgeben von Wasser steht sie dort, diese kleine Mühle. Die letzte Abendsonne tut ihren Rest. Während ich einfach staune und nicht fassen kann, wo ich hier gelandet bin, ist Stefan wie immer voller Wissensdurst. Selbst nach 130 Kilometern gegen den Wind.

„Hier standen irgendwann mal neun Mühlen. Durch die Strömung wurden die angetrieben, nicht durch Wasser. Erst die Spanier haben daraus Windmühlen gemacht. Das hier ist sozusagen die letzte Überlebende. Geil!"
„Die Spanier?"
„Ja, das war wohl irgendwann mal unter spanischer Herrschaft hier. Keine Ahnung. Die waren doch überall, oder?"
Wieder so eine einzigartige Geschichtsstunde von Stefan.

Hier in Orbetello wartet das erste und einzige Hotel dieser Reise auf uns. Da Kleidung und Räder nach dem Regentag einer Grundreinigung unterzogen wurden, fühlen wir uns zwischen den gestriegelten Hotelgästen in der Lobby nicht ganz so schmutzig. Doch nach einem Tag auf dem Rad wirkt selbst das dezenteste Parfum wie eine Chemiewolke, die uns den Atem nimmt und ein bitteres Gefühl auf den Lippen hinterlässt. Die freundliche Rezeptionistin, gekleidet wie eine Flugbegleiterin aus den 80ern, führt uns mit unseren Fahrrädern zielstrebig in die Tiefgarage. Sie zeigt auf einen leeren Kellerraum.

„Ecco un buon posto per le biciclette. Ecco un buon posto per le biciclette, no?"
Klar. Auch sie muss alles doppelt sagen.
„Perfetto, grazie! Perfetto, grazie!", antworte ich.

Wir beziehen unser großzügiges Zimmer, etwas zittrig durch den Hunger, der langsam Besitz von uns ergreift. Auch so ein längst vergessenes Gefühl. Wann habe ich vor dieser Reise zuletzt echten Hunger gespürt? Ich kann mich nicht erinnern. Hier werden wir jeden Abend von einer alles überstrahlenden Gier eingenommen. Also machen wir uns auf die Suche nach einer Trattoria. Es dürfte auch ein Ristorante oder eine Osteria sein. Mittlerweile nennen wir jedes Lokal Trattoria, einfach weil es das schönste der drei Wörter ist und wir den Unterschied nicht wirklich herausgefunden haben.

Auch heute widerstehen wir der Versuchung, auf unsere Handys zu schauen, um Besucherkommentare zu lesen. Wir haben großen Gefallen daran gefunden, eine künstliche Unvorhersehbarkeit zu schaffen, indem wir keine Bewertungen, keine Empfehlungen und keine Wetterprognosen konsumieren. Nur so können wir uns wirklich eine freie Meinung bilden. Nur so können wir überrascht werden, auch mal im Bösen. Wie schön kann es sein, mal wieder richtig auf die Nase zu fallen? Noch in Jahren würden wir uns Geschichten von beleidigenden Kellnern, ranzigen Hotelbetten oder überraschenden Hagelschauern erzählen. Wir wissen viel und erfahren wenig. Vielleicht sollte es andersherum sein.

Der Hunger lässt uns nicht allzu anspruchsvoll sein. Wir betreten gleich das erste Lokal, ohne auf die Speisekarte an der Hauswand zu schauen. Unsere Gehirne scheinen wieder den kürzesten Weg zu wählen: Es gibt freie Tische und auf dem Fernseher unter der Decke läuft Fußball. Das grelle Neonlicht erzeugt Gemütlichkeit, was so auch nur in Italien möglich ist.

Die Karte enthält so ziemlich alles, was wir jemals gegessen haben. Ein Best-of aller Kontinente. Nur die typisch toskanischen Spezialitäten fehlen. Wir bestellen eine Überraschungsplatte Antipasti, zwei Burger und frittierte Sardellen. Die Bedienung grölt jede einzelne unserer Bestellungen in Echtzeit Richtung Küche, während sie immer wieder Richtung Fernseher schaut. AS Rom gegen Bayer Leverkusen. Was für ein wunderbarer Zufall, dass unser Abendessen von einem italienisch-deutschen Duell begleitet wird.

Allein die Vorspeisenplatte ist ein Sammelsurium aus riesigen Würsten, faustgroßen Käsestücken und Oliven in Golfballgröße. Selbst die Scheiben im Brotkorb sind überdimensioniert. Alles etwas am Thema vorbei – aber lecker.

Über unseren Köpfen geht Leverkusen in Führung. Die Mannschaft ist seit über 40 Spielen ungeschlagen. Sie scheint von einer unsichtbaren Kraft durch die Saison getragen zu werden, für die es bisher keine logische Erklärung gibt. Wie ein einziger Muskel scheint sie jeden Gegner mit endlosen Pässen zu zermürben. Das Römer Olympiastadion wirkt wie ein Relikt vergangener Zeiten.

Da mir Stefan gegenübersitzt, schaue ich in sein alt vertrautes Fernsehgesicht. Jeder Mensch hat ein eigenes Fernsehgesicht. Diesen einen Blick, den er nur beim Fernsehen aufsetzt. Ganz automatisch. Stefan hat seinen Mund leicht geöffnet, seine Stirn ist entspannt und seine Nasenflügel zucken in unregelmäßigen Abständen. Ich bin froh, dass sich dieses Gesicht nicht verändert hat. Überhaupt hat sich dieser Mann in den letzten 20 Jahren so herrlich wenig verändert. Wie ein Baum, der ein paar mehr Äste und Zweige hat, doch durch nichts aus der Bahn geworfen wird, solange seine Wurzeln unversehrt bleiben.

Zwei riesige Burger werden uns serviert. Stefan beißt hinein, dabei tropft das Fett zur Rückseite heraus. Er freut sich. Die Fettpfütze auf seinem Teller saugt er mit Weißbrot auf. Ich probiere es mit Messer und Gabel. Die frittierten Sardellen sind fantastisch. Doch etwa 80 Sardellen für zwei Personen sind natürlich selbst für hungernde Radfahrer übertrieben.

Leverkusen macht das 2:0. Die Bedienung klatscht in die Hände. Danach plätschert das Spiel vor sich hin. Wir kommen in einen klassischen Erinnerungsrausch. Jedes einzelne Detail wird ausgeschlachtet.

„Weißt du noch, wie du dein komplettes Handgepäck einfach beim Sicherheitscheck am Flughafen vergessen hast, weil wir die Nacht vorm Rückflug durchgemacht haben und du immer noch voll wie ein Schulbus warst?"

Stefan gießt mir ungefragt Weißwein nach. Bis zum Rand, wie er es immer tut.

„Ja gut. War einfach nicht mein Tag. Aber weißt du noch, wie uns damals die Bullen nachts ohne Licht am Fahrrad angehalten haben und du was von einer angeblich hochschwangeren Freundin im Krankenhaus gefaselt hast? Warum auch immer die uns das abgenommen haben."

„Legendär, wie wir auf der Fähre von Schweden die letzten Kronen in den Spielautomaten geworfen haben und plötzlich 800 Münzen in den Schacht gefallen sind."

Es sind die immer gleichen Geschichten, die sich Jahr für Jahr ein wenig verändern. Es ist erleichternd festzustellen, dass wir womöglich immer noch dieselben sind. Vielleicht handeln wir ein winziges bisschen klüger, überdenken Taten und Worte eine halbe Sekunde länger. Doch im Grunde sind wir noch immer dieselben Trottel wie vor 20 Jahren.

Warum ausgerechnet wir beide damals zueinander gefunden haben, wird trotzdem ein Geheimnis bleiben. Vielleicht war es das Schweigen, das nie unangenehm war. Vielleicht waren es auch die geringen Erwartungen an Menschen, durch die jegliche Enttäuschung ausgeschlossen werden konnte. Doch eine Sache versetzt mir einen Stich:

Immer wieder finden wir in unseren gemeinsamen Erinnerungen kleine Widersprüche. Mal ist es ein anderer Name eines Lehrers, den Stefan im Kopf hat. Mal erzählt er etwas von Regenwetter, während in meiner Retrospektive die Sonne scheint. Mal dauerte eine Reise bei ihm nur eine Woche, bei mir aber zwei. Wir streiten dann nicht. Wir versuchen nicht zwanghaft, den anderen zu überzeugen.

Es ist mehr ein kurzer Moment der Einsamkeit, der uns überkommt, aber nicht stark genug ist, um uns vom Kurs abzubringen. Wie Erdplatten, die ganz langsam auseinanderdriften, unterscheiden sich unsere Erinnerungen von Jahr zu Jahr etwas mehr. Eine unvermeidbare, menschliche Schwäche, die dennoch etwas in mir zerbrechen lässt.

Der Fernseher zeigt drei Männer im Anzug und eine überschminkte Frau im Blazer. Sie lassen das Spiel Revue passieren, diskutieren über Sinn und Unsinn des VAR, dem Video Assistant Referee. Sie schauen sich eine knifflige Szene noch etwa 13 Mal in Superzeitlupe an, ohne zu einem gemeinsamen Urteil zu kommen. Später wird in einem Einspieler der Arbeitsalltag dieser Video Assistant Referees gezeigt. Zwei Männer mit Halbglatze sitzen konzentriert in einem Keller vor mehreren Bildschirmen, als würden sie einen Raketenstart überwachen. Zurück im Studio wird leidenschaftlich weiterdiskutiert, bis die Szenen des Spiels im Abspann dem Grauen ein Ende bereiten.
Noch alberner als ein Fußballspiel sind nur Leute, die ernsthaft über Fußball reden. Genau das liebe ich an dieser Sportart. Ich könnte noch Stunden hier verbringen. Doch die Müdigkeit sitzt bereits tief in uns. In weiser Voraussicht verlangen wir die Rechnung und zwei Espressi. Ich stecke ein paar Scheine in das schnörkelige Holzdöschen, in dem die Quittung liegt. Stefan leert noch im Stehen meinen halbvollen Weißwein.

„Wäre doch schade drum", murmelt er in das Glas.

Wir nehmen noch einen Umweg zum Strand. In den Seitenstraßen gibt es keine Beleuchtung. Das Meer ist laut und schwarz. Nur das wilde Weiß der Brandung tänzelt unrhythmisch vor unseren Füßen. Irgendwo in unserer Nähe ruhen die Silberreiher und Stelzenläufer. All die seltenen Vögel, die gar nicht wissen, wie besonders sie sind.

Später im Hotelbett ist mein Geist noch hellwach, während mein Körper sich dankbar der Verdauung widmet. Die Gedanken an unsere widersprüchlichen Erinnerungen lassen mich nicht los.

Fehlende Erinnerungen wären zu verkraften. Aber unterschiedliche, sich gegenseitig ausschließende Erinnerungen an ein und dasselbe Ereignis – das ist das tatsächliche Übel. Warum fällt mir der Umgang mit diesem natürlichen Phänomen so schwer? Vielleicht ist die Gegenwart das eigentliche Problem dabei. Diese seelenlose Gegenwart, die mich in meinem Alltag so oft sprachlos und orientierungslos macht. Die nur durch Erinnerungen oder Hoffnungen auf die Zukunft verständlicher oder ein wenig erträglicher wird. Nur durch das Kooperieren verschiedener Zeitebenen entsteht letztendlich Sinn. Wenn dabei auf die Erinnerungen kein Verlass mehr ist – auf was dann?

Ich tröste mich mit dem Vorhaben, in Zukunft alles aufzuschreiben. Wirklich alles, was von Belang sein könnte, werde ich notieren und Stefan wie ein Regelwerk der Erinnerung vor Augen halten. Ich werde unser VAR sein. Egal, wie lächerlich und unsympathisch ich dabei bin. Ich bin schlichtweg notwendig.

Fantasie
Winter 1994

Nach dem Abendessen schrieben sie noch Postkarten. Es war ein komisches Gefühl, die eigene Adresse auf die Karte zu schreiben. Schließlich war es der erste Urlaub nur mit ihrem Vater. So richtig mochte er das Skifahren immer noch nicht. Noch immer hatte er Angst, sobald er Geschwindigkeit aufnahm. Doch dem Vater zuliebe wäre er überall hingefahren.

Sie durften allein entscheiden, wann sie ins Bett wollten. Quietschend kuschelten sie sich unter die Decken. Sein Plüschtier, von dem er nie erfahren sollte, ob es eine Giraffe, ein Schwein oder ein Lama war, drückte er wie immer fest an sich. Vor dem Einschlafen erzählte der Vater ihnen, wie immer, packende Lügengeschichten aus seiner Kindheit und Jugend.

Es war eine Quizshow: Wer bei einer vermeintlichen Lüge zuerst Stopp rief, erhielt einen Punkt. Für den Fall, dass es sich doch um die Wahrheit handelte, bekam der andere einen Punkt zugesprochen. Letztendlich vermischten sich sowohl Inhalt als auch Aufklärung der Geschichten zu einem faszinierenden Lügensalat und die beiden Kinder wurden so nicht nur im Lügen geschult, die erfolgreiche Lüge wurde ungeniert zu einer eigenen Kunstform erhoben. Jegliche Müdigkeit war verflogen, sie berauschten sich an den perfekten Improvisationen. Schon bald sollten auch der Junge und seine Schwester mit dem Erzählen beginnen. Jeder war mal der Quizmaster. Nur wenig sagt mehr über Menschen, als die Geschichten, die sie über sich selbst erfinden.

6. Etappe

Orbetello - Lido di Tarquinia

„Vielleicht gibt es schönere Zeiten;
aber diese ist die unsere.“

Jean-Paul Sartre

Vielleicht ist es die Seeluft, die mich kurz nach acht erholt erwachen lässt. Heute Morgen führt mich mein erster Gang nicht zum Fenster, sondern auf einen Balkon mit seitlichem Meerblick. Perfektes Fahrradwetter, wenn nur der Wind nicht wäre.

Vor dem Hotel hängen mehrere Flaggen europäischer Länder an riesigen Masten. Direkt vor mir zappelt hektisch die ausgeblichene Fahne Norwegens. Routiniert halte ich nach einer potenziellen Espressobar Ausschau. Dabei wartet doch heute ausnahmsweise mal ein Hotelfrühstück auf uns.

Verschlafen und rundum zufrieden sitzen wir im Frühstücksraum und probieren uns durch das Buffet. Zu Hause trinke ich zu dieser Zeit einen Kaffee und esse, wenn überhaupt, ein kleines Müsli. Hier ist mein Magen immer in Empfangsbereitschaft. Zumindest seit meinem überwundenen Magen-Darm-Virus. In einer Ecke sitzen sechs Männer in unserem Alter. Sie planen im starken schwäbischen Dialekt den Urlaubstag. Man ist zum Angeln hier. *Wieder diese Deutschen*, denke ich, ohne dass ich es möchte.

Erst nach dem dritten bunten Teller schlürfe ich zum Kaffeevollautomaten. Bevor ich den Knopf drücke, höre ich eine leise, freundliche Stimme hinter mir.

„Scusate, il vero caffè è laggiù."

Ich drehe mich um. Die Frühstückskraft lächelt mich verschwörerisch an. So so. Den „richtigen" Kaffee gibt es also an der kleinen Durchreiche zur Küche. Ich fühle mich wie George Clooney. Ich zwinkere der Frau lässig zu und schäme mich noch im selben Moment dafür. Doch bin ich wohl einer von ihnen und gehöre zu einem auserwählten Kreis. Man muss mir ansehen, dass ich guten Kaffee zu schätzen weiß, denn niemand sonst trinkt hier „richtigen" Kaffee.

Aus reiner Neugier zapfe ich mir dennoch einen *caffé crema* am Vollautomaten. Er schmeckt wie in allen günstigen Hotels in Europa – nämlich nicht. Es gibt ihn also doch, den schlechten Kaffee in Italien. Ich mache mich auf den Weg zur Durchreiche und versuche, dabei nicht aufzufallen. Ich stecke den Kopf durch das Viereck in der Wand und entdecke die junge Frau, die mich eben noch in dieses unerhörte Geheimnis eingeweiht hat.

„Un *caffè*, per favore", sage ich zaghaft.

„Aspetta", flüstert sie und hebt den Zeigefinger, bevor sie verschwindet.

Eine Minute später stellt sie einen klassischen Espresso auf das Brett vor mich. Mein Gang zurück zum Tisch ist ein einziger *Walk of Fame*. Während ich genieße, steht meine Kaffeedealerin mit dem Rücken zu mir und räumt den Nachbartisch ab.

„Il caffè è gratis per voi", flüstert sie ohne sich umzudrehen.

Wie bitte? Ich bekomme Gratisespresso aus der Siebträgermaschine, während alle anderen Frühstücksgäste nur die lauwarmen Billigbohnen bekommen? Alles Kassenpatienten, denke ich und schaue mitleidig zu den angelnden Schwaben. Womit habe ich das verdient? Ich halte nach versteckten Kameras Ausschau. Ich bin nicht George Clooney. Ich bin James Bond.

Ich hätte es nicht für möglich gehalten, doch heute freue ich mich zum ersten Mal auf mein Fahrrad. Ich freue mich nicht unbedingt auf die nächste Anstrengung und die vielen kleinen und großen Schmerzen während eines langen Tages im Sattel. Doch freue ich mich auf dieses Gefühl der Geborgenheit auf dem Rad. Auch meine sich verselbstständigenden Gedanken jagen mir keine Angst mehr ein.

„Heute nur 80 Kilometer und recht flach. Nur ein bisschen windig wieder", ruft Stefan von hinten.

Ja, er ruft von hinten. Ich kann mittlerweile sogar einige Kilometer am Stück die Führung übernehmen, ohne dass wir allzu langsam werden.

Nach kurzem Einrollen führen uns steile Straßen über die Halbinsel *Monte Argentario*. Mit zunehmender Höhe werden die modernen Luxusvillen am Straßenrand immer größer und weniger einsehbar.

„Die italienischen Hollywood Hills", frotzelt Stefan gut gelaunt.

Wir rätseln, welche Promis hier ein Anwesen haben könnten. Am höchsten Punkt angekommen, bieten sich atemberaubende Aussichten über die Strände der Halbinsel. Das Beste dabei: Sie sind alle leer. In den nächsten Stunden pausieren wir gleich viermal an einem anderen verwaisten Traumstrand. Auf den Küstenstraßen bläst der Wind sogar von hinten und wir gleiten nebeneinander dahin.

Wieder klage ich ein wenig über Schmerzen im linken Knie. Stefan nutzt die entspannte Etappe, um mir die Tritttechnik des Radfahrens näher zu bringen. Bisher dachte ich, man würde einfach in die Pedale treten und schauen was passiert. Aber nein.

„Mit der richtigen Technik kannste Verletzungen vermeiden. Ich sehe da schon ein paar Druckspitzen bei dir. Aber die Trittfrequenz ist schon mal nicht schlecht."

„Druckspitzen? Ich fahre seit über 30 Jahren fast täglich Fahrrad. Da werde ich doch wohl eine vernünftige Technik haben."

„Das, was du da seit 30 Jahren machst, hat aber nichts mit Radsport zu tun."

Frechheit. Aber wie so oft hat Stefan recht. Es ist kein Sport, zweimal täglich 15 Minuten mit dem Fahrrad durch die Stadt zu düsen. Allein das erste Mal in Klickpedalen zu fahren, ist schon ein Erlebnis.

Er zeigt mir ein paar Kniffe. Nach 30 Minuten sind die Knieschmerzen verschwunden. Vor ein paar Tagen hätte mich Stefans Besserwisserei noch innerlich kochen lassen. In anderen Bereichen lasse ich mich gern belehren. Aber sicher nicht im Sport. Doch die Tage auf dem Rad haben meinem Ego einen gesunden Dämpfer verpasst.

Nach etwa 50 Kilometern übernimmt das Schweigen wieder die Kontrolle. Es ist kein Geheimnis, dass Ausdauersportarten recht schnell ein meditatives Gefühl hervorrufen können. Doch was ist der Unterschied zu dem Gefühl von damals, vor 18 Jahren auf dem Jakobsweg? Es fällt mir schwer, die Erinnerungen zurückzuholen.

Auch damals schwiegen wir stundenlang. Gelegentlich lief einer hundert Meter voraus, ohne dass es uns wirklich auffiel. Eventuell war es das Naturerlebnis, das stärker im Mittelpunkt stand. Durch den direkten Kontakt zum Boden und dem Gehen als der natürlichsten aller Fortbewegungsarten, waren wir in direktem Kontakt zur Welt. Durch das Fahrrad entsteht auf dieser Reise eine Art Schwellenraum, der uns leichter und schneller macht, ein Gefühl der Schwerelosigkeit verleiht. Ein fast metaphysisches Erlebnis, was womöglich auch der Grund für den extremen Schwung der Gedanken ist.

Doch auch der persönliche und gesellschaftliche Kontext war grundverschieden. 2006 hatten wir gerade mit dem Studium begonnen. Deutschland war, nicht zuletzt durch die Ausrichtung der Fußballweltmeisterschaft, ein riesiger Freizeitpark. Die sozialen Medien steckten noch in den Kinderschuhen. Die Reizüberflutung und Informationsfülle, mit der einhergehenden Überauswahl an Möglichkeiten, waren noch nicht in unerträgliche, menschenfeindliche Sphären vorangeschritten. Wir mussten von nichts geheilt werden. Es war ausschließlich das ursprüngliche Naturerlebnis, das uns für kurze Zeit etwas gesünder auf die Dinge blicken ließ.

Nun, im Jahr 2024, haben wir ein Alter erreicht, das uns die eigene Endlichkeit vor Augen führt. Unsere Körper sind enorm widerstandsfähig. Doch hat sich eine Erschöpfung in uns eingenistet, die durch das ständige Wiederholen von einfachen Tätigkeiten und der ewigen Auseinandersetzung mit uns selbst entstanden ist. Wir verändern uns langsamer und genau das ermüdet uns. Wir versuchen permanent nicht in Phrasen zu sprechen, weil alles schon viel zu oft gesagt wurde. Uns widerstrebt der Gedanke, uns krampfhaft neu erfinden zu müssen, da wir uns mittlerweile genug mögen, um die jetzige Version unserer selbst als bestmöglichen Kompromiss zu akzeptieren. Wir sind nahezu täglich damit beschäftigt, möglichst viele Dinge wegzulassen, um überhaupt atmen zu können und einen klaren Kopf zu bewahren.

Vielleicht würden wir mit den Herausforderungen dieser Zeit etwas besser klarkommen, wenn wir zwanzig Jahre jünger wären. Doch bleibt es ein Geschenk, durch das Weglassen von Dingen Lebensqualität gewinnen zu können. Es ist eine Zeit, in der es noch immer unendlich leicht ist, ein privilegierter, weißer Mann in einem reichen Land in Europa zu sein. Und dennoch gehen wir mit einer Unsicherheit durch den Alltag, die angemessen und natürlich erscheint, wenn sich Dinge im Wandel befinden. Der Turm aus Sprache und Abhängigkeit zerbricht und man versucht, ihn hektisch neu zusammenzusetzen, während wir geduldig auf Einlass warten.

Abschied
Frühling 2004

Die Tage zwischen den Abiturprüfungen waren seltsam. In den vermeintlich lebensentscheidenden Wochen voller Prüfungen, Abschiedsschmerz und Feriengefühl wurde er täglich zwischen Stress, Angst, Melancholie und Lebenslust hin und her geworfen. Er liebte diese Orientierungslosigkeit.

Es war ein milder Mittwochabend im späten April. Er schaute durch die schlecht geputzte Scheibe seines Zimmers, das er im Moment fast täglich neugestaltete. Ein kurzer Schauer ließ den Gartentisch im späten Licht leuchten. Trotz des Regens schritt seine Mutter noch mit ihrer grünen Gießkanne durch die Beete, um hier und da noch ein paar der besonders durstigen Exemplare mit Wasser zu versorgen. Sobald sie im Garten arbeitete, wirkte sie augenblicklich zehn Jahre jünger. Sämtliche Fältchen verschwanden dann aus ihrem Gesicht. Die grüne Plastikkanne musste uralt sein. Er glaubte sich zu erinnern, dass sie ihm irgendwann mal bis zum Bauch gereicht hatte.

Soeben hatten die deutsche Nationalmannschaft ein bedeutungsloses Testspiel gegen Rumänien mit 5:1 verloren. Er ließ den Fernseher laufen und versuchte, sich auf sein Geschichtsbuch zu konzentrieren. Die mündliche Prüfung fand er besonders furchteinflößend. Noch sechs Tage hatte er Zeit zum Lernen.

Bald liefen ausführliche Zusammenfassungen diverser anderer Testspiele über den Bildschirm. Er schaute kurz auf, dann sah er ihn, den Mann mit dem Zöpfchen. Ein ergrauter Roberto Baggio trabte behäbig über den Platz. Ein Freundschaftsspiel gegen Spanien sollte gleichzeitig sein Abschiedsspiel sein. Seine Bewegungen wirkten etwas steif, unter dem Trikot zeichnete sich ein kleiner Bauchansatz ab. Es fiel ihm schwer, diesen Anblick zu ertragen. Dieser so stolze, elegante Sportler hatte den Kampf gegen die Zeit verloren. Einen Kampf, den niemand jemals gewinnen würde. Zahlreichen schweren Verletzungen hatte er getrotzt, sich immer wieder zurückgekämpft. Doch irgendwann war die erbarmungslose Macht der Natur größer als der eigene Wille. Wenige Minuten vor dem Ende der Partie wurde Baggio ausgewechselt. Das Stadion in Genua erhob sich, minutenlang wurde Beifall geklatscht. Müde winkte er ins Publikum. Der Vorhang hatte sich für immer geschlossen.

Vielleicht ist Baggios Fluch nicht das verlorene WM-Finale. Vielleicht ist es sein Fluch, dass man ihn für immer mit dem verschossenen Elfmeter und der darauffolgenden Starre verbinden wird. Wie ein Schauspieler, den man nur mit seiner Paraderolle assoziiert. Wieder und wieder wird er davon berichten müssen, sein Leben lang. Dabei war er so viel mehr: Etliche traumhafte Tore, brillante Dribblings, große Siege und wochenlange Qualen im Kraftraum. All das verblasst hinter der Faszination des Scheiterns.

Er schaltete den Fernseher aus und wusste, dass am Ende alle verlieren würden. Jedes Ende ist ein Verlust, selbst wenn es gleichzeitig einen Neuanfang bedeutet. Er legte das Geschichtsbuch weg. Diese Prüfung würde sicher nicht lebensentscheidend sein. Sie war nicht einmal wichtig. Vielleicht wäre es sogar eine große Chance, wenn er sie vermasseln würde. Nichts war wichtig. Er lehnte sich zurück, verschränkte die Hände hinter seinem Kopf und genoss die Erkenntnis, kaum Einfluss auf den Lauf der Dinge zu haben.

Ein paar Tage später kam seine Mutter mit einer neuen Gießkanne nach Hause. Die alte Kanne hatte ausgedient. Sie sollte noch jahrelang müde im Keller stehen. Erschöpft von der Last von tausenden Litern Wasser, für das sie nur eine Zwischenwelt war.

Nur noch wenige Kilometer bis Tarquinia, unserem heutigen Zielort. Stefan sucht auf seinem Handy nach der genauen Adresse des Quartiers.

Erst jetzt fällt ihm auf, dass wir gar nicht in Tarquinia, sondern in Lido di Tarquinia, einem kleinen Badeort, acht Kilometer von der Stadt entfernt, übernachten werden.

„Ich glaub ich hab mich verbucht. Aber egal, wir können uns heute Abend trotzdem die Stadt anschauen."

„Passt. Hauptsache ein Bett."

Mir ist alles recht. Ich freue mich auf eine ruhige Unterkunft am Meer. Wenn alles gut geht, werden wir morgen Abend in Rom ankommen. Dann haben wir noch mehr als genug Menschen um uns herum.

Als wir in Lido di Tarquinia eintreffen, trauen wir unseren Augen kaum. Auf den Straßen des Badeorts tobt das pralle Leben. Überall bunte Marktstände, Musik, Streetfood und Hüpfburgen. *Fiera di Tarquinia* steht auf einem riesigen Plakat vor einer Bühne direkt am Strand.

Stefan googelt sofort.

„Irgendein Jubiläumsfest. Scheint eine große Sache zu sein. Nehmen wir mit, oder?"

Zunächst beziehen wir unser Quartier. Stefan hat einen Bungalow in einem Campingdorf gebucht, das ähnlich surreal erscheint, wie das unerwartete Stadtfest. Hunderte Bungalows und riesige Grasflächen für Camper. Doch wir sind die einzigen Gäste. Das Campingdorf gehört uns. Warum sich kein einziger Tourist hierher verirrt hat und knapp zehn Gehminuten entfernt die Party des Jahres stattfindet, bleibt ein Mysterium.

Wir stellen die Räder in den Bungalow, schnappen uns ein Handtuch und rennen die 50 Meter zum Strand. Kein Mensch weit und breit. Ich genieße das Gefühl in den Zehen, wenn sie sich wie kleine scheue Tiere in den Sand graben. Der Wind bläst so stark, dass wir uns nur anschreien können. Eine eindimensionale Freude überkommt mich. Ich stürze mich in die Wellen und tauche ein. Alles ist still. Endlich, nach dem stundenlangen Lärm des Windes. Als ich auftauche, genieße ich das leichte Brennen vom Salzwasser in der Nase. Im flacheren Wasser tummeln sich kleine Fischschwärme. Nach ein paar Minuten setze ich mich in den Sand und lege mir ein Handtuch um. Nun streift sich Stefan die Klamotten vom Leib und sprintet los. Wie eine Giraffe auf dem Eis versucht er, die kleineren Wellen zu überspringen, bis sein schlanker, langer Körper schließlich im Meer verschwindet.

Gestern genoss ich zwar den Anblick und den Duft des Meeres, doch nichts in mir vibrierte so stark dabei, dass ich ernsthaft ergriffen war. Erst jetzt, beim direkten Körperkontakt mit dem Meer, übermannt mich ein ganzer Cocktail an Emotionen, für die ich keine Worte habe.

Tod
Sommer 1995

Aus Ästen und Wäscheleinen hatten sie ich Angeln gebaut. Sie nahmen die Brotreste vom Frühstück mit zum See. Der Vater zeigte, wie man das Brot ohne Rinde solange in der Hand knetete, bis es am Haken kleben blieb. Er rechnete nicht damit, dass seine Kinder tatsächlich einen Fisch fangen würden. Doch er suchte zur Sicherheit einen schweren Stein in Ufernähe.

Als Stadtkinder hatten sie wenig Erfahrung mit dem Tod von Tieren. Sobald eines ihrer Meerschweinchen gestorben war, begruben sie es im Garten, und nach wenigen Tagen tat es nicht mehr weh. Seine Schwester hatte meist noch etwas länger zu kämpfen. Schon der Anblick der toten Nager überforderte sie. Sie bastelten kleine Kreuze und gravierten die Namen hinein. Der Junge war fasziniert davon, dass das Gras auf den Gräbern immer besonders saftig grün und stark heranwuchs. Auch ohne die Kreuze hätten sie immer erkannt, wo die kleinen toten Körper vergraben waren.

Sie blickten auf den reglosen See. Der Vater machte Klimmzüge auf dem leeren Spielplatz hinter ihnen. Die Schwester beschwerte bald ihren Angelgriff unter ein paar größeren Steinen und packte ihr Buch aus. Winzige Wellen schwappten lautlos an den Kiesstrand. Er konnte seinen Blick nicht von der Angelpose lassen. Gelegentlich bildete er sich ein leichtes Zucken ein. Doch es geschah nichts.

Auch wenn er bald nicht mehr daran glaubte, dass ein Fisch anbiss, genoss er das lautlose Lauern. Er fühlte sich wie eine Raubkatze, allzeit bereit zum Sprung. Die Starre schien seine Sinne zu schärfen. Jeder Windstoß prickelte auf der Haut. Bei jedem Geräusch hielt er den Atem an.

Er hörte die Schritte des Vaters hinter sich, der gerade die Kinder zum Gehen auffordern wollte. Sie hatten keine Sonnencreme dabei, er wollte sie vor der sengenden Mittagssonne schützen. In diesem Moment verschwand die Pose seiner Angel im See, um kurz darauf wieder aufzutauchen. Seine Finger krampften sich um den Ast, den er seit zwei Stunden in den Händen hielt. Wieder verschwand die Pose. Er spürte einen Widerstand. Jetzt. Er begann die straffe Schnur um den Ast zu wickeln, immer weiter. Die Schwester war aufgestanden, schlagartig hatte sie ihr Buch weggelegt.

„Gut so. Weiter. Einfach weiter", sagte der Vater mit ruhiger Stimme.

Dann ein fester Ruck, der ihm beinahe den Ast aus den Händen gerissen hätte. Ein wütend zuckender Rücken durchbrach die Wasseroberfläche. Seine Schwester stieß einen spitzen Schrei aus. Immer näher konnte er das Tier an sich ziehen, das mit jeder Sekunde größer wirkte. Er ging langsam rückwärts, bis der Fisch schließlich am Ufer zappelte. Der Vater packte ihn mit beiden Händen und löste den Haken aus seinem Maul.

„Wieder reinwerfen? Oder wollen wir den nachher essen?"

Der Junge wusste, dass er sich schnell entscheiden musste. Er empfand Mitleid mit dem Tier, dessen Widerstand fürs Erste gebrochen war. Doch wusste er auch, dass alles umsonst war, wenn sie die Beute zurück in den See werfen würden.

„Essen!", rief er, ohne den hilflosen Fisch aus den Augen zu lassen.

Der Vater hob die Augenbrauen, er hatte nicht mit der Entschlossenheit seines sonst so zaghaften Sohnes gerechnet.

„Gut. Wir müssen ihn erschlagen. Hier. Genau auf den Kopf", sagte er und nickte dabei in Richtung des großen Steines, den er gefunden hatte.
 Der Junge wusste nicht, wer mit „wir" gemeint war. Doch er wusste, dass es jetzt geschehen musste. Mit zittrigen Fingern griff er den Stein, drehte ihn so, dass die flache Seite nach unten zeigte, und hielt ihn über den Kopf des Fisches.

„Mit Schwung!", rief der Vater.
Der Junge atmete zweimal tief ein, hob den Stein und schmetterte ihn mit aller Kraft auf den Kopf des Tieres.

Er spürte, wie das Knacken des Schädels in ihm ein flüssiges Glücksgefühl auslöste. Von einer Sekunde zur nächsten schien alles Leben aus dem Körper des Fisches zu entweichen. Er schaute auf. Seine Schwester hatte einen knallroten Kopf und starrte ihn mit fremden Augen an. Sie lief mit staksigen Schritten hinüber zum Spielplatz, steckte ihren Kopf in den Mülleimer und übergab sich mehrfach.
 Während der Vater zu ihr hinüber ging, um sie zu trösten und ihr Wasser anzubieten, betrachtete der Junge den toten Körper vor seinen Füßen. Er legte seine Hand auf das kalte Geschöpf und bewunderte seine Schönheit. Das Muster der in der Sonne glitzernden Schuppen schien wie eine Ritterrüstung. Die harten, kantigen Flossen wie kleine Schwerter, die das Tier über Jahre schnell und präzise durch das Wasser geführt hatten.

Später nahmen sie den Fisch aus und brieten ihn in der Pfanne. Die Schwester bekam keinen Bissen hinunter. Er ließ jedes Stück des duftenden Fleisches auf seiner Zunge zergehen. Erst Jahre später sollte er die eigene Lust am Töten reflektieren.

Er akzeptierte diese Lust, dennoch nahm er sich fest vor, nie wieder mit Absicht ein Tier zu töten. Es war nicht das Töten an sich, das er verurteilte. Es war die Art und Weise. Er hatte nicht das Recht, mit spitzen Gegenständen in eine fremde Welt einzudringen und Lebewesen aus einem Element zu holen, das er selbst nicht beherrschte.

Voll mit Serotonin laufen wir zurück zu unserem Bungalow, duschen eilig, werfen uns die Jacken über die Schulter und stürzen uns ins Getümmel der *Fiera di Tarquinia.*

Die Veranstaltung gleicht einer themenlosen Freiluftmesse. Es werden lautstark Kleintiere, Traktoren, Staubsauger, Plastikschrott und Massageliegen angepriesen. Dazu italienisches Old School Street Food vom Allerfeinsten. An jeder Ecke hängt ein Spanferkel und dreht würdelos seine Runden um sich selbst.

„Das ist ja wie Rimini hier, nur ohne Touristen", ruft Stefan begeistert und leert sein zweites Bier mit einem großen Schluck.

Wir setzen uns auf eine Mauer und schauen beim Eselreiten zu. Zwei adipöse Kinder werden auf dem Rücken des Tieres durchgeschüttelt und strahlen um die Wette. Der kleine Hund des Eselführers sitzt am Zaun und zittert am ganzen überzüchteten Körper. In einem winzigen Gehege daneben drängen sich acht Alpakas und kauen synchron vor sich hin.

Wir beschließen, ein nettes Lokal zu suchen, uns die ausgehungerten Bäuche vollzuschlagen, und dann, nach Einbruch der Dunkelheit, auf das Fest zurückzukehren. Direkt am Strand werden wir fündig. Das *Coco's* verspricht alles aus dem Mittelmeer. Für Stefan, der so ziemlich gar nichts aus dem Meer mag, ist die Auswahl womöglich begrenzt, doch ich überzeuge ihn, indem ich ihm ein halbes Spanferkel verspreche, falls er hungrig das Lokal verlässt.

Das *Coco's* ist menschenleer. Dafür haben wir besten Blick aufs Meer und gleich fünf Bedienungen kümmern sich um unser Wohl. Draußen bilden sich rosa Wölkchen, die wie kleine Ufos über dem Meer stehen.

„Ich nehme alles mit Thunfisch. Das geht noch. Thunfisch ist das Hähnchen unter den Fischen", meint Stefan, nachdem er ein paar Gerichte mit Google Übersetzer studiert hat.

Da es sich bewährt hat, bestelle ich auch heute wieder recht planlos mehrere Gänge. Kurz vor dem ersten Gang nähert sich ein Kellner von hinten, um mir ungefragt eine Schürze umzubinden, auf der eine riesige Garnele abgebildet ist. Stefan muss mich sofort fotografieren.

Was dann kommt, übertrifft alle Erwartungen: Mein Gang namens *Marregiata* entpuppt sich als ein riesiger Topf voller Schalentiere. Stefan bekommt *La Variazione di Alici*, eine Komposition aus unterschiedlich zubereiteten Sardellen. Nichts für ihn. Von daher leere ich nebenbei auch seinen Teller, während ich mich unbeholfen durch die Schalentiere pflüge. Schon jetzt bin ich vollkommen satt.

Wieder finde ich eine Nachricht von Ernesto auf dem Handy. Er bittet um neue Fotos von unserer Reise, fragt, ob wir es morgen wirklich bis nach Rom schaffen werden und wie es meinem Magen geht. Sein aufrichtiges Interesse rührt mich. Ich antworte sofort.

Beim Gedanken an Ernesto schwanke ich jedes Mal zwischen Mitleid und Bewunderung. Seine selbstgewählte Einsamkeit scheint keine Flucht zu sein. Dennoch scheint der Verlust seines Hundes eine Lücke hinterlassen zu haben, die nur durch menschlichen Kontakt gefüllt werden kann.

Außerdem habe ich in den letzten Tagen ein wenig von der Freiheit kosten dürfen, die er tagtäglich im Übermaß fühlen muss. Ich bewundere die Radikalität, mit der er sich diese Freiheit geschaffen hat.

Zwischen den Gängen philosophieren wir, wie so oft, ohne Anspruch auf jegliches Niveau, vor uns hin. Schon immer habe ich unseren *Locker Room Talk* geliebt. Heute scheint, inspiriert von Spanferkeln, Eselreiten und Kleintieren in Pappkisten, das Tierwohl unser Thema zu sein. Die Art und Weise, wie wir auch über die furchtbarsten Dinge mit einer süffisanten Leichtigkeit reden können, war schon immer etwas Besonderes für mich.

„Also in Deutschland wäre sowas auf einem Dorffest wahrscheinlich nicht mehr möglich", meint Stefan, während er mit der ganzen Hand den Stiel seines Weinglases umschließt.

„Ach doch. Bei einem Dorffest auf jeden Fall. In der Stadt vielleicht nicht. Und das ist ja auch alles nichts im Vergleich zu dem, was in den großen Betrieben passiert."

„Stimmt. Aber das sieht ja auch niemand. Sonst würde es ja nicht funktionieren. Man erzählt immer was von CO_2-Bilanz. Doch um wirklich abzuschrecken, müsste man die Leute nur alle paar Wochen in so einen Betrieb schicken."

„Meerestiere haben aber auch ein ganz schlechtes Standing. Die sind irgendwie egal, weil sie uns eben überhaupt nicht ähneln."

„Ja. Je ähnlicher uns ein Tier ist, desto mehr Mitleid haben wir."

„In 40 Jahren werden die jungen Leute andächtig durch verlassene, eingefallene Mastställe gehen und uns fragen, wie wir das alles zulassen konnten. Da bin ich mir sicher." Stefan leert sein Weißweinglas, dabei spreizt er den Ellenbogen wie immer unnötig weit vom Körper ab.

Der zweite Gang wird serviert. *Fettuccine cernia* und *Il Riso alla Marinara*. Während Stefan nun immerhin ein paar Nudeln hinunterschlingen kann und seinen enormen Kalorienbedarf nicht mehr nur mit Bier und Wein stillen muss, bekomme ich ein köstliches Risotto. Natürlich wieder mit Mittelmeerallerlei in Form von Krabben, Garnelen,

Muscheln und Fischfilet. Ich öffne meine Jeans, fest entschlossen, keinen Happen übrig zu lassen. Nach zehn Minuten sind die Teller leer.

Gang Nummer zwei hat mich sehr mitgenommen. Meine Bewegungen werden langsamer. Mein Körper verbietet mir die weitere Nahrungsaufnahme und möchte sich ungestört der Verdauung hingeben. Doch nein, auch heute muss ich ihm noch einmal widersprechen. Ich habe bestellt und ich werde essen. Bis zum bitteren Ende. Mit enormer Willenskraft schaffe ich es, nach draußen zu gehen, um frische Luft zu schnappen.

„Und ich sag noch vorhin: Halt dich ja von den Schalentieren fern!", ruft Stefan mir nach.

Ich gehe fünf Minuten am Strand spazieren. Der Wind hat sich gelegt. Aus einiger Entfernung dringen die Bässe der Bühne zu mir rüber. Zum ersten Mal bekomme ich Angst vor dem Ende dieser Reise. Das längst vergessene Gefühl der Freiheit hat in diesen Tagen Besitz von mir ergriffen. Was wird es mit mir machen? Bleibt es ein kurzer Zustand oder werden sich meine Bedürfnisse, Rituale und Strategien grundlegend ändern? Ich nehme drei tiefe Atemzüge und gehe zurück ins *Coco´s*.

Nach und nach füllt sich das Lokal mit Einheimischen. Ein Nachwuchsfußballteam feiert den Geburtstag seines Torwarts. Obwohl dort ein Haufen Dreizehnjähriger an einem Tisch sitzt, bleibt es erstaunlich ruhig. Ich bin überrascht, wie herzlich und aufrichtig die Feier abläuft. Sie singen ein Lied nach dem anderen. Mehrmals lassen sie das Geburtstagskind auf seinem Stuhl hochleben und küssen es auf die Wange.

Als Hauptgang werden uns *Gamberoni Pistacchio* und *Il nostro Trittico di Tonno* aufgetischt.

„Endlich Thunfisch", freut sich Stefan.

Auf meinem Teller liegen fünf Riesengarnelen, bedeckt von Pistazienstückchen. Der kurze Gang nach draußen hat etwas Platz verschafft. Es gelingt mir tatsächlich, den Teller zu leeren. Das Sitzen fällt mir mittlerweile schwer.

Die Fußballmannschaft tritt den Rückzug an. Einige der Jungs winken uns freundlich zum Abschied. Ungefragt bekommen wir noch zwei *Limoncelli* und zwei Espressi zu unseren *Tiramisus*. Innerhalb von Minuten fühle ich mich wieder einigermaßen hergestellt. War es der Schnaps? Oder der Espresso? Oder hat das *Tiramisu* seinem Namen („zieh mich hoch") alle Ehre gemacht?

Kurz nach 11 verlassen wir das Lokal und schlendern Richtung Bühne. Die klare Luft kühlt unsere glühenden Köpfe. Die Stände sind schon abgebaut. Ein Teppich aus Müll zieht sich durch die Straßen und die Esel haben längst Feierabend. Vor der Bühne tummeln sich die Menschen. Dabei ist kein Muster erkennbar. Jugendcliquen, Seniorengruppen, Familien mit Kleinkindern, die in den Armen ihrer Eltern schlafen. Auch die Nachwuchsfußballer sind wieder dabei.

Zwei Getränkestände haben noch geöffnet. Stefan ordert sofort drei große Flaschen Bier. Auf der Bühne schmettert ein dauergrinsender Mann mit Glatze die italienischen Evergreens. *Volare*, *Azzurro*, *Ti amo* – nichts wird ausgelassen. Alle grölen mit.

Ihren Höhepunkt erreicht die Stimmung bei Eros Ramazzottis *Più bella cosa*. Niemals hätte ich geglaubt, dass man diese Lieder in Italien immer noch voller Inbrunst und gänzlich unironisch mitsingt. Auch wir grölen mit. Durch Stefans Körpergröße fallen wir sofort auf. Er reckt seine Bierflaschen in die Höhe, als wären sie Pokale.

Nach der dritten Zugabe gehen kurz nach Mitternacht die Lichter aus. Wir laufen die zehn Minuten zum Campingdorf barfuß am Strand. Im Bungalow falle ich direkt auf mein Bett. Mein Bauch ist so prallgefüllt, dass es mir schwerfällt, eine geeignete Liegeposition zu finden. Durch die geöffnete Badtür sehe ich Stefan mit der Zahnbürste im Mund tanzen. Er schaut in den Spiegel, zeigt auf sein Ebenbild und summt *Più bella cosa*, während ihm der Schaum aus dem Mund tropft.

Zum Runterkommen spielen wir noch eine Runde Kniffel. Später liege ich zum ersten Mal noch länger wach. Doch dabei bricht nicht, wie sonst üblich, die innere Unruhe aus, die ein Hitzegefühl im ganzen Körper erzeugt und mich die wenigen Schlafstunden errechnen lässt. Viel mehr genieße ich die Stille und die frische Seeluft, die durch das angekippte Fenster strömt.

Leben
Sommer 1990

Wie jeden Morgen reichte ihnen die kleine Frau in der Pasticceria die beiden Brote in Plastiktüten über die Auslage. Gleich draußen warfen sie die Tüten in den Müll und steckten sich die duftenden Laibe unter die Pullover. „Baby im Bauch" nannten sie das Spiel und dachten sich abwechselnd Namen für ihre Kinder aus. Die Schwester, gerade sechs geworden, fand das nicht mehr wirklich witzig. Doch ihrem kleinen Bruder zuliebe machte sie mit. Auch weil sich das frische Brot wie eine Wärmflasche auf der Haut anfühlte.

Das helle Sonnenlicht schmerzte ein wenig in den Augen. Ein kleines hellblaues Auto mit nur drei Rädern sauste vorbei. Der Fahrer grüßte die Bäckerin mit zwei Fingern und trällerte ein „Buongiorno" durch die Straße. Der große Hund hinter dem bedrohlich niedrigen Zaun bellte jeden Morgen etwas weniger laut. Er sah in den Kindern keine Bedrohung mehr und tat müde seine Pflicht. Die 150 Meter zum Bäcker und zurück kamen dem Jungen vor, wie eine lange Wanderung durch eine fremde Welt. Die Erwachsenen empfingen die Kinder bei ihrer Rückkehr jeden Tag, als hätten sie soeben ein Wildschwein erlegt. Stolz holten sie die Beute unter ihren Pullovern hervor und legten sie auf den Esstisch. Noch wusste der Junge nicht, dass diese Minuten am Morgen kurz vor seinem vierten Geburtstag ein Meilenstein sein würden. Es sollte die erste Erinnerung werden, die er bis ins Erwachsenenalter mitnehmen würde. Er würde diese Geschichte seinen Kindern, Enkeln und

Urenkeln erzählen. Die Brote würden bei jeder Beschreibung ein kleines bisschen größer und wärmer werden. Wenn er Glück hat, wird man diese Geschichte noch ein oder zwei Generationen weitererzählen und der kleine Junge wird noch ein paar Jahrzehnte in den Köpfen der Menschen überleben. Doch dann, spätestens dann, wird man vergessen.

Sein Name wird noch in Stammbäumen stehen, doch der Rest wird verschwunden sein. Er wird sich auflösen, wie die süßen Magnesiumtabletten, die sein Vater immer in ein Glas Wasser warf. Bei denen er so gern zusah, wie sie sich in Tausende von winzigen Bläschen verwandelten, die zur Wasseroberfläche strebten, bis am Ende nichts blieb, außer einer trüben gelben Flüssigkeit.

7. Etappe

Tarquinia - Rom

„Unsere Arme und Beine sind voll von schlummernden Erinnerungen."

Marcel Proust

Trotz des offenen Fensters ist es warm und stickig im Bungalow. Es ist fast 10. Ursprünglich wollten wir schon gegen 9 aufbrechen. Vor der Tür spüre ich sofort, dass eine andere, humorlosere Wärme den Tag bestimmen wird. Das Thermometer zeigt bereits 28 Grad, die Stille des Campingdorfs wird nur gelegentlich von der Brandung gebrochen.

Während Stefan, wie jeden Morgen, intensiv mit dem Bepacken seines Fahrrads beschäftigt ist, gehe ich nochmal rüber zum Strand. Die Brandung ist sanfter und gleichmäßiger als gestern. Ein paar Möwen stehen auf einem Wellenbrecher und schreien sich gegenseitig an. Wieder fällt es mir schwer, zu gehen.

Wir nehmen die letzten 108 Kilometer bis Rom in Angriff. Zunächst geht es im Schneckentempo rüber nach Tarquinia, der großen Schwester von Lado di Tarquinia, dem feierwütigen Badeort, den wir bis gestern nicht einmal kannten. Auf den ersten Kilometern merke ich, wie müde meine Beine tatsächlich sind. Sie werden sich auch heute solange drehen, bis sie die eigene Erschöpfung vergessen haben. Doch nicht nur meine Muskulatur, auch meine Sehnen, Bänder und Gelenke sind von der ungewohnten Belastung der letzten Tage angeschlagen. Die Vorfreude auf das Erreichen unseres Ziels ist groß. Allerdings fährt heute ab Kilometer Eins eine ordentliche Portion Schwermut mit.

„Du musst ein Ziel haben. Aber ob du es erreichst, ist völlig egal", hat meine Deutschlehrerin immer gesagt. Nein, es ist nicht egal. Es ist womöglich in vielen Fällen einfach besser, es nicht zu erreichen.

Die Stimmung ist seltsam trist in den ersten Minuten auf dem Rad. Stefan kaut auf einem Energieriegel herum und schaut ausdruckslos in die Ferne. Zudem spüre ich zu Beginn des Tages eine unbestimmte Nervosität in mir heranwachsen. Vielleicht ist es die Hitze. Vielleicht eine dunkle

Vorahnung. Vielleicht auch die Angst vor dem Danach. Ich versuche wachsam zu bleiben.

Beim ersten kurzen Anstieg in den verkehrsreichen Straßen von Tarquinia blockiert plötzlich mein Hinterrad, als ich herunterschalte. Nichts geht mehr. Oben wartet Stefan auf einer kleinen Verkehrsinsel. Wieder steigt eine unverhältnismäßige Wut in mir auf. Ich fummle ein paar Sekunden vergeblich am Kettenblatt herum, dann schmeiße ich das Fahrrad im hohen Bogen auf die sauber gemähte Grünfläche.

Stefan lacht nicht, sondern dreht das Rad auf den Kopf und packt sein Werkzeug aus. Ich setze mich an den Straßenrand und schaue zurück. Das Meer ist nur wenige Kilometer entfernt. Unser Badeort sieht von hier oben aus, wie ein bunter Papagei, den ein Kind gemalt hat. Es fühlt sich einfach falsch an, sich vom Meer zu entfernen.

„So. Geht erstmal wieder. Du darfst nur die drei obersten und die drei untersten Gänge nicht mehr benutzen. Sonst blockiert das Rad sofort, weil das Kettenblatt komplett verbogen ist."
Wie bitte? Wenn man bedenkt, dass mein Fahrrad genau zehn Gänge hat, sind das ziemlich schlechte Aussichten.

Wir fahren weiter, ich schäme mich für meinen Wutausbruch. Noch so ein Gefühl, das in meinem Alltag keinen Platz hatte. *Wut ist Schwäche. Wut ist Kontrollverlust. Wut ist Machtlosigkeit.* Ja, womöglich. Doch vor allem ist sie menschlich. Ich lasse sie zu, auch weil sie unter freiem Himmel genug Raum hat, um andere nicht darunter leiden zu lassen.

In der Ebene merke ich nichts vom Handicap meines Fahrrads. Auch der übliche Small Talk in der ersten Stunde des Tages kommt langsam in Gang.

„Du aggressives Stück, wirfst einfach mit Fahrrädern um dich! Schade, dass ich das nicht gefilmt habe."
Meine Wut trägt nun doch zu Stefans Belustigung bei. So sollte es sein.

Ansatzlos werden die hellen Kieswege, die ohne Sonnenbrille zu dieser Tageszeit die Augen überfordern, von langen Pfützen durchzogen. Nein, es sind viel mehr kleine Seen, die sich hier durch tagelangen Regen gebildet haben müssen. Es ist unmöglich, die jeweilige Tiefe zu erahnen. Deshalb versuchen wir, sie mit reichlich Schwung zu durchqueren. Vergeblich – schon bald stehen wir bis zum Knie im Wasser.

Kaum haben wir die „Seenlandschaft" hinter uns gelassen, bauen sich steile, schlammige Rampen vor uns auf. Wir beschließen, ganz bald auf Asphaltstraßen zu wechseln, doch ist in absehbarer Zeit kein Asphalt in Sicht. Die Räder drehen sich nur mit Mühe unter der Last des Schlamms. Kilometerweit schieben wir unsere Räder durch verwildertes, zivilisationsfreies Gelände. Es fühlt sich an, als würden wir eine nicht enden wollende, kaputte Rolltreppe emporschieben. Mein Puls ist am Anschlag, obwohl wir nicht mal in die Pedale treten. Unsere Wasservorräte sind schon jetzt aufgebraucht. Auch der so verhasste Garmin verrät uns nicht, wann wir wieder festen Boden unter den Füßen haben werden. Zu allem Überfluss ermittelt mich auch noch ein fieser Wadenkrampf, während ich versuche, eine besonders steile Schlammrampe schiebend zu erklimmen.

Mitten im Nirgendwo stoßen wir auf ein einsames, dunkles Holzhaus, aus dessen Eingangstür ein winziger, kläffender Hund auf uns zu rennt. Sein abstoßendes, helles Bellen raubt mir den letzten Nerv. Schon wieder Wut. Zum Glück wendet sich das verwahrloste Fellknäuel jaulend ab, als ich völlig übertrieben zurückbelle. Wäre mir dieses Tier zu nahe gekommen, hätte ich es womöglich mit seinem flauschigen Halsband erwürgt.

Nachdem wir einen Gipfel erreichen, dessen Ausblick uns die Hoffnung auf baldige Besserung raubt, schmeiße ich mein Rad in das hohe Gras am Wegesrand und schlage mit meiner leeren Trinkflasche auf die Rahmenstange ein. Zum

Schreien fehlt mir die Luft. Stefan dreht um, als er mich neben meinem Rad hocken sieht. Er hat die Ruhe weg.

„Also ich denke mal, so in 30 Minuten haben wir eine richtige Straße erreicht. Dann kann es nicht mehr weit bis zum nächsten Dorf sein. Wasser und Eis und dann ist alles wieder wunderbärchen."

Ich richte mich auf, schiebe weiter und versuche, an nichts zu denken. Ich konzentriere mich auf meinen Atem und blende alles aus. Das Arschgeweih Achtsamkeit kann zumindest hier ein sinnvolles Werkzeug sein. Sei es nur, um Vandalismus am eigenen Besitz zu vermeiden. Stefan lag richtig. Nach etwa einer halben Stunde erreichen wir eine Asphaltstraße.
„Sind doch nur noch 92 Kilometer", ruft er vergnügt.
Wir haben tatsächlich nur 16 Kilometer in etwa zweieinhalb Stunden zurückgelegt – neuer Negativrekord, doch auf diesem Terrain durchaus eine Leistung.

Im nächsten Dorf holen wir sechs Liter Wasser und fünf Eis am Stiel. Es scheint fast aussichtslos, Rom noch im Hellen zu erreichen. Doch überhaupt anzukommen, ist alles, was ich gerade möchte. Und gleichzeitig auch alles, was ich vermeiden will. Stefan sucht sich einen Stock und opfert eine der Wasserflaschen, um unsere Räder vom Schlamm zu befreien. Ich bin völlig leer. Die Wut scheint mein emotionales Empfindungszentrum ausgebrannt zu haben.
Wasser, Zucker und Schatten bitte. Danke.

Das erste Glücksgefühl des Tages habe ich, als wir nach der Pause die gesäuberten Räder besteigen und eine richtige Straße entlangrollen. Mittlerweile fühlt sich das Aufsitzen wie nach Hause kommen an. Das Rad ist während dieser Tage zu einem Hafen geworden. Auf ihm fühle ich mich wohl und sicher. Sicher mit meinen treibenden Gedanken, die zumindest hier nur mir gehören.

Ich fürchte mich ein wenig davor, schon bald wieder ohne diesen Zufluchtsort durchs Leben zu gehen. Überhaupt fürchte ich mich davor, dort weiterzumachen, wo ich vor diesen Tagen aufgehört habe. Der Himmel über dem Kopf, in Bewegung sein, Wind im Gesicht. All das, was für den Homo Sapiens zu den natürlichsten und artgerechtesten Dingen gehören sollte und für die meisten von uns doch kein Alltag ist, weil wir unseren Instinkten nicht mehr trauen oder zu bequem sind.

All das wird wieder verschwunden sein. Ich werde den größten Teil des Tages in geschlossenen Räumen verbringen, mit viel zu vielen Menschen reden, auf Bildschirme glotzen und von einer überfordernden Geräuschkulisse umgeben sein. Yoga, Achtsamkeit, mentales Training – es scheint nur Symptombekämpfung zu sein, wenn man ein Leben führt, das nicht dem eigenen Naturell entspricht.

Natürlich kann ich auch nach meiner Rückkehr die ein oder andere Stunde freimachen, mich aufs Rad schwingen und meine Runden drehen. Aber wäre es dasselbe? Wahrscheinlich nicht. Denn gerade das täglich Neue und der andere Sinn für Zeit in diesen Tagen werden so nicht wiederkommen. Unser Nomadendasein während dieser Reise ist, trotz der modernen Technik, die wir dabei verwenden, eine zutiefst menschliche Lebensweise. Umherziehen. Ankommen. Den Ort entdecken. Den Ort benutzen. Weiterziehen, damit sich der Ort von uns erholen kann. Auch deshalb ist das Rad mein Schneckenhaus in diesen Tagen. Weil es eine nötige Konstante ist, die mir Orientierung gibt.

Während der ersten Stunde auf Asphalt vergesse ich gleich dreimal, dass ich nur die vier mittleren Gänge benutzen darf und schalte zu weit runter. Sofort blockiert mein Hinterrad und Stefan muss erste Hilfe mit seinem Werkzeug leisten. Währenddessen versuche ich es wieder mit wutlösenden Atemtechniken, an die ich selbst nicht glaube. Es hilft.

„Gott sei Dank ist heute der letzte Tag. Spätestens morgen hättest du das Ding eh zertreten", meint Stefan, während er mir mein Fahrrad zum vierten Mal repariert vor die Füße stellt.

Die Harmonie zwischen uns ist eine der großen Wiederentdeckungen dieser Reise. Wir wissen genau, was der andere braucht, wenn mal Wut, Enttäuschung oder Überforderung aufkommt. Wir hatten keinen einzigen Streit, nicht mal eine kleine Diskussion in dieser Woche. Wenn ich recht überlege, hatten wir in den gesamten 28 Jahren unserer Freundschaft nie eine echte Auseinandersetzung. Nicht einen Kratzer haben wir uns zugefügt. Sicher nicht nur aus einem starken Harmoniebedürfnis heraus. Vor allem, weil wir den anderen nicht leiden sehen wollten. So waren wir auf eine unbeholfene, doch sehr wachsame Art füreinander da. Für mich könnte es kein höheres Ziel einer Freundschaft geben.

Wut

Sommer 1997

Er wollte nicht mehr hier sein. Er hasste die stickigen Zelte, die fehlende Schublade für seine Notizbücher, die aggressiven Mücken und die rücksichtslosen Zeltnachbarn. Vor allem aber hasste er das ständige Vermissen. Der Junge hatte die Hoffnung aufgegeben. Seine Eltern würden nicht mehr zueinander finden. Da war er sicher.

Anfangs hatte er alles für ein Irrtum gehalten. Vielleicht ein Missverständnis zwischen Erwachsenen. Doch mit jedem Jahr wuchs die Gewissheit, wie eine Baumwurzel, die den Asphalt anhebt. Allerdings wuchs mit ihr auch der Glaube daran, trotzdem ein Leben mit vielen glücklichen Momenten führen zu können.

Eine Stunde trottete er nun schon den Erwachsenen hinterher, die mit riesigen Rucksäcken, schwitzenden Rücken und roten Wangen laut und glücklich durch die Wälder marschierten. „Die Horde" nannten sie sich. Gut 20 Menschen, die sich seit dem Studium kannten und regelmäßig gemeinsam in den Urlaub fuhren. Seine Mutter liebte ihre „Horde".

Er setzte sich auf einen schattigen Baumstumpf und nahm die Wasserflasche aus seinem Tagesrucksack. Er konnte sich nicht vorstellen, dass diese Männer und Frauen zur selben Spezies wie er gehörten. Selbst außer Sichtweite konnte man ihre Stimmen noch hören. Er spürte den Drang, den Weg zu verlassen und ziellos durch die Pinien zu schleichen. Von weitem sahen die Bäume aus, wie überreife

Brokkoli. Er zog Schuhe und Strümpfe aus und lief ein paar Meter in den Wald hinein. Das Moos kühlte seinen Sohlen und er genoss die Stille der Bäume.

Wenigstens auf die kann man sich verlassen. Die gehen nirgendwo hin. Die bleiben einfach hier und tun was sie können, murmelte er zu sich selbst.

Nur mit Mühe konnte er sich von dem weichen Teppich aus Moos lösen. Er ging zurück zu seinem Rucksack und zog die klobigen, unbequemen Wanderschuhe wieder an. Doch wo waren die verhassten Stimmen? War das ein Lachen? Oder ein Rufen? Sie würden schon warten. Wenn sie denn überhaupt merkten, dass er weg war. Langsam trottete er weiter. Erst an einer Weggabelung bekam er zum ersten Mal ein mulmiges Gefühl. Er ging nach links, seine Schritte wurden schneller. Schon bald begann er, laut zu singen. Zum einen, um eventuell gehört zu werden. Zum anderen, weil in einer Kindersendung eine schlaue Frau mit Brille gesagt hatte, dass man keine Angst empfinden kann, während man singt. Es funktionierte.

> *„I wonder how, I wonder why*
> *Yesterday you told me 'bout the blue, blue sky*
> *And all that I can see is just another lemon tree*
> *I'm turnin' my head up and down*
> *I'm turnin', turnin', turnin',*
> *turnin', turnin' around*
> *And all that I can see is just another lemon tree"*

Er hatte keine Ahnung, was das hieß, doch konnte er den Text in und auswendig, weil er im CD-Booklet seiner Schwester stand. Er hörte nicht auf zu singen und rannte, auch wenn er instinktiv wusste, dass schnelle Bewegungen bei diesen Temperaturen keine gute Idee waren.

Bald spürte er, wie ihm Tränen über die Wangen liefen. Stumme Tränen, die ihm womöglich auch nur vorsorglich in die Augen getreten waren, um keine Angst aufkommen zu lassen. Er lief und lief. Die Sonne stand nun tief über den Bäumen, doch die Hitze hing wie eine Glocke über dem Wald. Er hatte endgültig die Orientierung verloren. Die Sonne sollte im Westen untergehen, das hatte er doch irgendwo mal gehört. Heute morgen gingen sie der Sonne entgegen. Das sollte Osten gewesen sein. Er versuchte nun direkt der Sonne zu folgen und rannte zwischen den schlanken Stämmen der Pinien hindurch.

Es ist Sommer. Es ist warm. Irgendwann werde ich einem Menschen begegnen. Dann sage ich meinen Namen und ich werde zum Zeltplatz gebracht. Oder Mama kann mich bei der Polizei abholen.

Er rannte nun nicht mehr, er schlich. Er zwang sich zum Schweigen, um Stimmen wahrnehmen zu können. Kein Mensch. Nirgends. Mit der Stille kroch die Angst umso stärker in ihm hoch. Er schaute auf seine Casio Uhr, deren Armband früher drei Extralöcher brauchte, um fest an seinem dünnen Handgelenk zu sitzen. Nun passte sie endlich, doch das Display war schon ziemlich mitgenommen. Wie lange war er schon allein unterwegs. Eine Stunde? Drei Stunden?

Der Wald wurde etwas heller und er vernahm ein Rauschen, das mit jeder Minute stärker wurde. Seine Schritte wurden wieder schneller, er wischte sich die Tränen aus dem verschwitzten Gesicht. In der Ferne sah er bunt schimmerndes Metall zwischen den Bäumen aufblitzen. Autos. Es waren Autos. Als er wieder rannte, schienen seine Beine den Boden nicht mehr zu berühren. Er stellte sich an die Leitplanke und widerstand dem Drang, den Arm auszustrecken. Im Schutz der Bäume lief er weiter Richtung Sonne, ohne die Leitplanke aus den Augen zu lassen. Wie ein scheues Waldtier, das nichts Lebendigem trauen kann. Das rotweiße Schild am Straßenrand kam ihm bekannt vor. Campeggio 2 km. Das musste der Zeltplatz sein.

Er hörte die Menschen noch bevor er die ersten Zelte sah. Leise näherte er sich von Baum zu Baum. Schon bald hatte er die Zelte der „Horde" gefunden. Dort standen sie. Lachend mit Limonade und Bier in der Hand. Erschöpfte, sorglose Gesichter. Seine Mutter mittendrin. Niemand schien sich Gedanken um ihn zu machen. Er wollte den Schutz der Bäume nicht verlassen.

„Dein Sohnemann lässt sich aber auch Zeit, oder?", fragte der große, kahlköpfige Mann in Richtung seiner Mutter. Dirk. Ein Kleinkind, gefangen im Körper eines riesigen 120 Kilo Hünen. Sein abscheuliches Schnarchen vibrierte jede Nacht durch die Zelte.

„So ist das in dem Alter", antwortete seine Mutter nur. Keine Antwort hätte ihn mehr verletzen können, auch wenn sie wahrscheinlich recht hatte.

Er kannte die Wut von verlorenen Brettspielen. Vielleicht war es auch Wut, die aufkam, wenn die Mädchen und Jungen in seiner Klasse über seine geringe Körpergröße witzelten. Doch diese Wucht an Wut war ihm neu. Es war, als würde Strom durch seine Unterarme fließen. Ihm wurde schwindlig. Er ging rückwärts, wieder tiefer in den Wald, ohne die Menschen aus den Augen zu verlieren. Diese Menschen würden ihn nie verstehen. Menschen sind nicht die Antwort. Sie sind nur neue Fragen.
Er wollte den Strom aus seinen Gliedern schütteln. Es gelang nicht. Bald fand er sich auf den Knien wieder, seine Hände tief in das kühle Moos gegraben. Nichts half. Er richtete sich auf und fokussierte die Pinie direkt vor ihm. Er näherte sich dem Stamm bis auf wenige Zentimeter. Mit aufgerissenen Augen starrte er auf die Maserung der Rinde, atmete dreimal aus und ein. Dann schlug er zu. Einmal. Zweimal. Dreimal. Links. Rechts. Links. Beim vierten Mal brach ein Stück der Rinde heraus. Er sackte zu Boden. Keine Tränen. Der Strom war weg. Endlich. Das Pulsieren in seiner Hand wurde stärker und stärker. Er betrachtete sie wie einen toten Vogel, der von einer Katze zerfetzt wurde. Überall Kratzer, lila Haut und dicke Schwellungen über den Knöcheln.

Er wusste, dass seine Knochen schnell heilen würden. Der Arzt hatte es doch gesagt damals, nachdem er sich beim ersten Mal auf Skiern das Bein gebrochen hatte.

„Hmm. Es ist ja bekannt, dass Kinderknochen schneller heilen. Aber sowas habe ich auch noch nicht gesehen."

Niemand würde merken, dass seine Hand gebrochen war. Den Rest des Urlaubs trug er, trotz der Hitze, den viel zu großen Pullover mit den langen Ärmeln. In der Schule schrieb er mit links, keiner nahm Notiz davon. Seine Schrift war genauso unleserlich wie zuvor.

Sechs Wochen später konnte er seine rechte Hand wieder problemlos nutzen. Eine Restschwellung, durchzogen von winzigen weißen Narben, blieb. Womöglich wird sie ihn so lange er lebt mit den Pinienwäldern verbinden. Ein gut gehütetes Geheimnis zwischen ihm und den Bäumen.

Wir kommen voran. Ich klebe an Stefan Hinterrad. Wenn unsere Reifen nur wenige Zentimeter trennen, fühlt es sich an, als würden wir auf einem Tandem sitzen. Jedes Schlagloch, jede Unebenheit zeigt Stefan wie ein Verkehrspolizist mit ausgestrecktem Arm an. Noch so eine Geste, die mir fehlen wird. Das Getreide auf den weiten Feldern biegt sich wellenförmig im Wind, wie tausende Menschen auf einem Konzert, die ihre Arme im Takt hin und her wiegen.

Der Blick wandert nun fast minütlich auf den den kleinen Bildschirm. Jeder Kilometer ein weiterer Schritt zum Ziel, das durch den holprigen Start der Reise zwischenzeitlich so unerreichbar schien. Nach drei Stunden straffer Fahrt ohne die kleinste Pause gönnen wir uns doch noch eine letzte „Zwi-Pi", in einem Dorf, das den vielleicht kleinsten, sicher aber auch einen der schönsten Marktplätze Italiens hat.

Die letzte Pause vor der Einfahrt nach Rom. Wir reden nicht viel. Doch das beklemmende Schweigen des Vormittags hat sich in ein stolzes Schweigen verwandelt. Stolz? Bin ich tatsächlich ein wenig stolz? Ja, es muss stolz sein, wenn man milde lächelnd die von der Tour gezeichneten Räder betrachtet, während man in eine Pizza mit Oliven und Sardellen beißt.

Ich bin stolz. Ernesto wäre stolz auf mich. Ich greife zum Handy.

„Noch 37 Kilometer bis Rom ...", schreibe ich ihm.
Neben uns schlürfen drei alte Männer ihren *caffè*. Der eine kippt gleich fünf Löffel Zucker hinein und leckt sich nach jedem Schluck ausgiebig den Bereich zwischen Oberlippe und Nasenspitze. Stefan beginnt zu fachsimpeln, wie man

eine Pizza essen sollte. Während ich die Pizza klassisch in Achtel teile und die Ränder übrig lasse (die waren schließlich immer für die Enten, auf dem Rückweg zum Zeltplatz am Gardasee), schneidet Stefan einen Äquator in die Pizza, klappt die Hälften jeweils zusammen und legt sie dann übereinander. Pizzaburger nennt er das. Ihm beim Verzehr zuzusehen, ist ungefähr so, wie die volle Windel eines Kleinkindes zu öffnen und zu realisieren, dass es aus allen Rändern quillt. Erträglich, solange es das eigene Kind ist.

Stöhnend raffen wir uns auf, um das letzte Teil in das Puzzle zu setzen. Noch nie bin ich so bewusst auf ein Fahrrad gestiegen. Der Countdown läuft. Mit leichtem Rückenwind fliegen wir über den Asphalt. Der Verkehr wird stärker. Keine Zeit für Sentimentalitäten. Ein letztes Mal ist höchste Konzentration gefragt.

Wir erreichen Rom ohne es wirklich zu merken. Irgendwann hält Stefan an einer mehrspurigen Straße, reckt seine Hand für ein High Five in die Höhe und schreit „Romaaa", laut genug, um den anarchischen Verkehr zu übertönen. Ich muss absteigen, um auch nur in die Nähe seiner erhobenen Pranke zu kommen. Hüpfend schlage ich mit aller Kraft ein.

Stefan schaut ungläubig auf seinen Garmin.
    „35 Kilometer in der letzten Stunde. Krass! Wie geht das denn, mit Gepäck und Gravelbike?"

Ich bemühe mich, meine Emotionen zu kontrollieren, um unversehrt unser Quartier zu erreichen. Hupen und Sirenen aus allen Richtungen. Vorsichtshalber klicke ich mich lieber aus den Pedalen, um im Zweifel schneller reagieren zu können. Zum Glück finden wir einen autofreien Weg am *Tiber*. Bald trennen uns nur noch wenige Straßen von der zentralen Unterkunft. Schrittgeschwindigkeit. Dann sind wir da.

Der Vermieter, gekleidet wie ein alternder Schlagerstar, begrüßt uns freundlich, schaut etwas irritiert auf unsere dreckigen Räder und führt uns zu unserem Zimmer. Ich dusche mir den getrockneten Schlamm von der Haut und lasse mich aufs Bett fallen. Noch bin ich zu erschöpft, um unsere Ankunft zu realisieren. Meine Beine sind vollkommen al dente. Der letzte Tag auf dem Rad hat mir nochmal alles abverlangt. Doch noch haben wir knapp 24 Stunden, um Rom zu erkunden, bevor wir uns in den Nachtbus Richtung Heimat setzen.

Mit Einbruch der Dunkelheit verlassen wir unsere Unterkunft und schlendern zum Petersplatz. Trotz der zahlreichen Italienreisen in meiner Kindheit: Ich war noch nie in Rom. Weiter südlich als die Toskana trug es uns nie. Stefan war schon mehrmals hier. Selbstverständlich gibt er wieder den etwas anderen Touristenführer.

„So. Das isser. Der Petersplatz. Das Mekka der Christen. Geile Beleuchtung auf jeden Fall. Die dort hinten sind aber auch ordentlich sakral unterwegs."

Direkt vor dem Petersdom singen etwa 300 Menschen im Chor. Der Rest des Platzes ist von kleinen, staunenden Menschengrüppchen übersät. Wir sind eine davon. Der Dom ist wieder so ein Wunder, dessen Bau von Menschenhand unwahrscheinlich wirkt, wenn man das Gebäude länger betrachtet. Stefan hält sein Handy unnötig hoch über dem Kopf und macht ein paar Panoramabilder.

„Mehr als 120 Jahre sollen die daran gebaut haben. Michelangelo und Raffael waren auch dabei. Die Heizkosten werden auch nicht ohne sein."

Es ist eine seltsame Mischung aus Gläubigen, Touristen und Obdachlosen auf und neben dem Petersplatz. Die Kolonnaden, die Säulengänge, die den größten Teil des Platzes einschließen, werden in regelmäßigen Abständen von kauernden Menschen in Schlafsäcken besetzt. Zwischen den Säulen wandeln Bettler mit Bechern umher. Wie scheinbar überall auf der Welt, entweder viel zu warm oder viel zu kalt gekleidet. Die Obdachlosen scheinen bei den meisten Touristen nicht das übliche, angestrengte Wegschauen auszulösen. Viel mehr gibt man sich gönnerhaft, als würde es den eigenen Glauben bestärken, wenn man sich nur barmherzig genug zeigt.

Knapp zehn Minuten stehen wir wortlos in der Mitte des Platzes. Jetzt endlich begreife ich unsere Ankunft. Wir sind angekommen. 702 Kilometer. Viele Bilder und Eindrücke werden erst in den nächsten Tagen in mir anlangen. Noch einmal ziehe ich den stark lädierten Zettel von Guiseppe aus dem Portemonnaie. Für Rom hat er nur eine einzige Osteria notiert. Wir machen uns auf den Weg und werden dabei ausnahmslos überholt. Zusammen waren wir noch nie so langsam in Bewegung. Unsere Schritte sind kurz und träge.

Ist es nur die Erschöpfung, die uns das Tempo genommen hat? Nein. Wir haben unser Ziel erreicht. Es gibt keinen Grund, sich zu beeilen. Aber auch das ist es nicht. Wir möchten die Zeit anhalten, denn wir werden morgen in eine andere Welt zurückfahren. Eine Welt, die uns, trotz aller Vertrautheit, fremd und ungewiss erscheinen wird. Ich möchte morgen wieder auf dieses anfangs so unbequeme Fahrrad steigen. Weiter nach Süden fahren. Immer weiter. Bis wir den letzten Zipfel des Stiefels erreichen und die Fähre nach Sizilien nehmen, um dort die nächste Seite aufzuschlagen.

Giuseppes Geheimtipp scheint nicht allzu geheim zu sein. Mit etwas Glück bekommen wir nach einigen Minuten Wartezeit einen Tisch unter freiem Himmel. Nur wenige Meter neben uns rauscht der Verkehr vorbei. Stefan ordert drei Gläser Weißwein nachdem er errechnet hat, dass er dabei im Vergleich zum *mezzo litro* in der Karaffe rund 20 Cent sparen kann.

Nun endlich, am letzten Abend, bekommt er, was er sich schon seit dem ersten Tag gewünscht hat: *Spaghetti alla*

Carbonara. Selbstverständlich darf eine Geschichtsstunde alla Stefano dabei nicht fehlen:

„Die Alliierten haben wohl damals nach der Befreiung irgendeinen italienischen Koch gefunden, der aus ihren Tagesrationen was Geiles zusammengeschneidert hat. Erst dabei soll die eigentliche *Carbonara* entstanden sein. Aber gut. Höchstwahrscheinlich hat auch vorher schon mal jemand Nudeln, Ei, Speck und Käse zusammengeschmissen und es hat geschmeckt."

Ich esse, wahrscheinlich zum ersten Mal in Italien, *Spaghetti Bolognese*. Es könnte nach dieser Woche auf dem Rad kein besseres Gericht geben. Wir leeren die Teller innerhalb weniger Minuten und bestellen das Gleiche nochmal. Dazu noch dreimal *Bruschetta* und drei Cola.

Obwohl mein Magen prallgefüllt ist und viel Arbeit vor sich hat, obwohl wir direkt an einer lauten Straße sitzen – mein Atmen ist ruhig und gleichmäßig. Du warst ja auch tüchtig an der frischen Luft, würde meine Oma sagen. Klar. Keine Termine, kein Zeitdruck und die angenehme körperliche Erschöpfung ergeben bei gesunden Menschen meist einen entspannten Geisteszustand. Doch ist es in diesem Moment eine wunderbare Gedankenlosigkeit, die ich genießen kann, obwohl ich weiß, dass spätestens morgen oder übermorgen das Grübeln, Planen und Berechnen wieder Besitz von mir ergreifen wird.

Wir ordern *Espresso*, *Limoncello*, *Zabaglione* und die Rechnung. Gemächlich schlendern wir danach durch die Straßen Roms und suchen nichts. Wir halten noch bei einer Gelateria mit bunten, herzförmigen Tischen. Die junge Verkäuferin ist gerade dabei, ihre Schürze auszuziehen und ihren Zopf zu öffnen. Sie lächelt müde, bindet wieder sorgfältig Schürze und Zopf zurecht und gräbt zwei Kugeln *Dulce de leche* aus den riesigen Behältern. Stefan drückt ihr 20 Euro in die Hand und sagt zweimal *grazie*. Wir diskutieren noch darüber, ob und wann man zu viel Trinkgeld geben kann, und sind, wie fast immer, einer Meinung.

Eine gute Stunde sitzen wir noch auf einem kleinen Platz. Es ist kurz vor Mitternacht. Samstagabend. Doch wir sind so zufrieden, dass uns nicht nach Bar oder Club zumute ist. An einem Kiosk holen wir noch drei Flaschen Bier, die wir mit ins Quartier nehmen.

Es tröstet mich etwas, dass wir noch fast einen ganzen Tag in Rom vor uns haben, bevor wir uns auf den Heimweg machen. Wir holen nochmal die Würfel raus und erinnern uns an die Highlights der letzten sieben Tage. Unverfälschte Erinnerungen. Zusammen erlebt. Gleich erinnert. Wir haben neue Geschichten geschrieben. Ich nehme das letzte meiner drei Notizbücher zur Hand. Ich bin froh, dass alle drei Bücher den Regentag von Florenz nach Siena einigermaßen unbeschadet überstanden haben und schreibe die ersten Zeilen.

„Du und deine Heftchen. Immerhin hast du nur drei mitgenommen", sagt Stefan, während er die zweite Flasche Bier öffnet.
Natürlich kennt Stefan meine Schwäche für Notizbücher. Früher hatte ich immer mindestens vier davon in meinem Zimmer liegen. Eins für Termine, eins für Gedanken, eins für den Sport und eins für Geschichten. Er hat nie heimlich reingeschaut, da bin ich mir sicher.

Während ich ein paar Zeilen schreibe, schaltet Stefan den Fernseher ein und bleibt bei einer Tierdokumentation hängen. Zwei Geparden schleichen behutsam durch das hohe Gras. Sofort legt er sein Fernsehgesicht auf, nimmt einen großen Schluck Bier und feuert die Raubkatzen an.

Sinn
Winter 1996

Wie in jedem Urlaub hatte er sich eine Ausgabe der Gazzetta dello Sport gekauft. Lesen konnte er sie nicht, doch hatte sie jedes Mal eine magische Anziehungskraft auf den Jungen. Er zog die dicke Zeitung aus dem Nachttisch und nutzte sie als Unterlage. Die Schwester war schon, wie so oft, vor ihm eingeschlafen. Auch zu Hause hatte er schon das ein oder andere Mal Tagebuch geführt, die wichtigsten Ereignisse des Tages zusammengefasst. Die guten Dinge grün, die schlechten rot. So gut wie nie kam es vor, dass Rot die Überhand gewann. Irgendwann langweilten ihn die eigenen, eindimensionalen Worte und er ließ es bleiben.

Erst hier, in den Bergen Südtirols, kam ihm der Gedanke, all das aufzuschreiben, was nicht offensichtlich war. Zunächst notierte er, was ihm während der langen Autofahrt durch den Kopf ging. Dann dachte er sich eine Lebensgeschichte für den sprunghaften Kellner auf der Berghütte aus. Oder er schaute aus dem Fenster der Ferienwohnung, gab den höchsten Bergen Namen und ließ sie miteinander kommunizieren. Berauscht von der unendlichen Freiheit in seinem Kopf, schrieb der Junge weiter und weiter. So lange, bis seine Hand verkrampfte und er unter angenehmen Schmerzen einschlief. Er achtete sorgfältig darauf, dass die vielen losen Zettel niemand in die Hände bekam. Doch außer ihm selbst konnte sowieso kein Mensch seine Schrift lesen. Es hatte also doch einen Vorteil, wenn man als Linkshänder zum Schreiben mit rechts genötigt wurde.

Nur eine Sache war noch fantastischer, als das Erfinden von Geschichten: Die eigenen Gefühle auf Papier zu sehen. Sie waren plötzlich vor ihm. Außerhalb seines Kopfes. In krakligen Buchstaben standen sie dort – reinste Magie. Als hätte der Stift etwas Luft aus seinem drückenden, tobenden Kopf gelassen. Als würden die Wellen des Meeres in ihm zum ersten Mal nicht tosend und einschüchternd, sondern ruhig und gleichmäßig ans Ufer gelangen.

Nach der Heimreise ordnete er sofort die vielen knittrigen Zettel und heftete sie sorgfältig ab. Noch am selben Tag machte er die nächste Entdeckung: Er musste gar nicht jeden Abend die Kraft aufbringen, etwas Neues auf Papier zu bringen. Manchmal genügte es auch, die eigenen Texte einfach laut zu lesen. Die Dialoge mit sich selbst entwickelten eine Eigendynamik, die allem um ihn herum ein angenehmes Gewicht gab.

Schon bald konnte er sich nicht mehr vorstellen, wie er ohne Zettel und Stift überhaupt leben konnte.

Für besonders schlechte Momente fand er eine ganz spezielle Methode. Er nannte es „Notaufnahme": Einige seiner Texte nahm er auf Kassette auf. Dabei versucht er besonders langsam und deutlich zu sprechen. Wurden die Angst und die Sehnsucht zu groß, nachdem er das Licht ausgeknipst hatte, drückte er Play und die eigene Stimme mit seinen eigenen Worten löste das heiße, verknotete Wollknäuel in der Brust.

8. Etappe

Rom - Heimat

„Wenn wir bedenken, dass wir alle verrückt sind, ist das Leben erklärt.“

Marc Twain

Nachdem ich den Handywecker ausgewischt habe, betrachte ich lange die hohen Stuckdecken, die mir gestern Abend gar nicht aufgefallen waren. Strahlend weiße Wände, alles in unserem Zimmer erscheint unbenutzt. Ich bin hellwach, doch mein Körper ist noch im Tiefschlaf. Oder viel mehr im Schlummermodus. Er scheint zu wissen, dass es vorbei ist und bereitet sich auf eine lange Regenerationsphase vor.

Mühsam hebe ich die Beine aus dem Bett und schlürfe zum Fenster. Ich schiebe die Gardinen zur Seite und starre auf eine nur etwa zwei Meter entfernte, mintgrüne Hauswand. Ich öffne das Fenster, es müssen schon jetzt etwa 30 Grad sein.

In die schmale Schlucht zwischen den Häusern passen gerade so drei Mülltonnen. Vor ihnen steht ein Mann in engen Jeans und raucht. In der linken Hand hält er zwei Müllsäcke. Ich beuge mich weit hinaus und schaue nach rechts, um einen Blick auf die Straße zu erhaschen. Der halbe Gehweg wird von einer müde wankenden Platane eingenommen. Hinter ihr tobt bereits der Verkehr, obwohl heute Sonntag ist.

Wie jede Großstadt hat auch Rom seinen eigenen Sound. Langsam nähern sich die hier so angenehm fiedelnden Polizeisirenen. Bald haben sie unsere Straße erreicht und scheinen in Moll zu wechseln, sobald sie sich von uns entfernen.

„Eigentlich kein schlechter Klingelton", höre ich Stefan sagen. Er streckt sich ausgiebig, seine Beine ragen dabei, wie immer, über das Bett hinaus.

Kurze Zeit später klopft es an der Tür.
Unser Gastgeber drückt mir ein Tablett in die Hand, das gerade so durch den Türrahmen passt. Croissants, Kaffee, geschnittenes Obst, Müsli und Milch. Wir haben nichts verlangt und er verlangt nichts dafür.

Die Räder und das Gepäck können wir bis zum Abend im Quartier parken. Fast ängstlich verlassen wir das Gebäude, im Gefühl allerhand vergessen zu haben. Die ungewohnte Leichtigkeit muss erstmal verarbeitet werden. Wir haben uns vorgenommen, kein einziges Verkehrsmittel zu nutzen, bevor wir am Abend auf unseren Rädern zum Busbahnhof rollen.

Stefans orange Schuhe leuchten in der Sonne Roms besonders hell. Auch ohne Garmin hat er die volle Orientierung. Woher weiß ich nicht. Nach einem Schlenker zur Spanischen Treppe lenkt er uns zum Trevi Brunnen. Das blendende Weiß des Brunnens lässt uns zu den Sonnenbrillen greifen. Wir drängeln uns nicht durch die Menschenmassen, auch wenn uns dadurch der Blick auf das Wasser verwehrt bleibt. Es folgt der erwartbare Monolog von Stefan:

„Als der Brunnen im 18. Jahrhundert fertiggestellt wurde, sollen in Rom nur etwa 13.000 Menschen gewohnt haben. Heute sind es knapp unter drei Millionen. Die fischen hier mehr als eine Million Euro in Münzen pro Jahr raus. Jeden Monat saugen die das Ding leer. Die Kohle wird dann gespendet."

Ich stelle mir vor, wie damals, im 18. Jahrhundert, ein Dutzend Menschen den Brunnen bestaunt. Wie sich verschiedenste Vogelarten auf dem Gestein niederlassen und weder Sirenen noch Verkehrslärm die Stadt beschallen. Wer damals vor dem Brunnen stand, muss es leicht gehabt haben, an einen Gott zu glauben. Die Menschenmassen von heute lassen die Geschichte nicht erzählen. Der Brunnen wirkt totgeglotzt. Vielleicht sind es auch die Millionen Münzen, Blitze und Stimmen, die ihn verstummen ließen. Dennoch bin ich ein Teil dieser glotzenden Masse. Ich schäme mich dafür. *Du stehst nicht im Stau, du bist der Stau.*
Wir ziehen weiter. Es ist heiß. Der Asphalt glüht. Doch Stefan lässt nicht locker. Er hat sich schließlich auf die

Fahne geschrieben, mir die Höhepunkte dieser Stadt gehend zu offenbaren. „Romarathon", hatte er es beim Frühstück im Bett noch genannt. Rein humortechnisch wäre aus ihm wohl auch ein guter Fahrlehrer geworden.

Nach einer gefühlten Ewigkeit erreichen wir das *Forum Romanum*. Stefans persönliches Highlight. Ich versuche, mir vor Augen zu führen, wie dieser Ort das Zentrum des politischen und kulturellen Lebens im alten Rom war, welche Szenen sich hier abgespielt haben könnten. Doch es geht nicht. Für mich bleiben es große Steine, die sich in der Sonne rekeln und von schwitzenden Touristen überrannt werden. Doch dann, wenige Meter weiter, holt die Geschichte mich doch noch ein:

Aus dem Nichts baut sich das Kolosseum vor uns auf. Egal, wie oft ich dieses Motiv schon bewusst oder unbewusst und ohne jede Emotion auf Bildern betrachtet habe – nun hat es mich. Nicht umsonst ist diese Prachtschüssel das einzige der modernen Weltwunder auf europäischem Boden. Womöglich ist es dann doch nur die anziehende Ästhetik des Grauens, die von diesem Bauwerk ausgeht, wenn man sich vor Augen führt, welch menschenunwürdige Veranstaltungen innerhalb des Amphitheaters stattgefunden haben. Minutenlang beobachten wir das Treiben außerhalb der Mauern. Vielleicht ist das der Moment der Ankunft. Das Kolosseum ist unser Wanderpokal, den wir für ein paar Minuten in den Händen halten dürfen. Nur unsere Beine haben uns von Bologna bis hierher gebracht.

Es gibt diese Menschen, die in jeder Situation die passenden Worte finden. Stefan ist definitiv keiner von ihnen. Er bricht das triumphale Schweigen mit einer naturwissenschaftlichen These.

„Ich glaube, das war die Woche mit dem geringsten CO_2-Ausstoß meines Lebens."
„Was?"

„Mein Fußabdruck kann sich diese Woche sehen lassen. Gut. Etwas viel Plastikscheiß habe ich vielleicht weggeworfen. Da lassen einem die Italiener auch einfach keine Wahl. Aber sonst … top."

Wir holen drei Flaschen Wasser beim nächsten Kiosk, selbstverständlich Plastik, und setzten uns in einen schattigen Park mit Blick auf das Kolosseum. Stefan schaut auf die Uhr.

„Noch fünf Stunden bis zur Abfahrt. Die gilt es zu nutzen. Engelsburg und *Piazza Navona* machen wir auf jeden Fall noch."

Auch wenn wir uns fünf Tage zuvor in Florenz schon einmal ins Stadtleben geworfen haben – Rom ist das völlige Kontrastprogramm zu unserem Leben auf dem Rad. Die drohende Reizüberflutung versuche ich zu vermeiden, indem ich zwischendurch immer mal wieder für wenige Sekunden die Augen schließe. Während wir uns auf ein Brückengeländer lehnen und die Engelsburg betrachten, vibriert es in meiner Tasche. Ernesto hat geschrieben. Er fragt, ob wir Rom erreicht haben. Dazu sendet er ein Foto von sich mit einem flauschigen Hund auf dem Schoß. Thank you, schreibt er darunter, gefolgt von drei Herz-Emojis.

Es dauert ein wenig, bis ich verstehe. Ich spüre ein angenehmes Kribbeln im Oberbauch. Ernesto muss sich einen Hund gekauft haben. Warum er sich dafür bedankt, ist mir rätselhaft. Hat er durch unser Gespräch diesen Entschluss gefasst? Oder durch unsere, für ihn so verrückte Idee, mit dem Fahrrad von Bologna nach Rom zu fahren?

Ich erschrecke mich kurz davor, wieviel Einfluss wir tagtäglich auf andere Menschen haben, ohne Notiz davon zu nehmen. Wir sind unglaublich unbedeutend und können dennoch in unserer kleinen Welt Dinge ins Rollen bringen, die dramatische Konsequenzen haben. Wir können Menschen mit nur einem Wort, ja mit nur einem Blick, in eine völlig andere Richtung lenken. Wir können Kartenhäuser mit einem kleinen Husten zum Einsturz bringen. Wir können Samen pflanzen, jeden Tag aufs Neue. Einige werden stumm im Dunkel zerfallen. Andere werden von Vögeln aus der Erde gepickt. Und manche werden zu riesigen Bäumen, von denen jeder Einzelne zu einem Zuhause für zigtausende Lebewesen wird.

Ich schicke Ernesto ein Selfie von unseren erschöpften, braungebrannten Gesichtern vor der Engelsburg und frage selbstverständlich nach, was es mit dem riesigen Fellknäuel auf seinem Schoß auf sich hat.

Nach einem weiteren kräftezehrenden Marsch bei mittlerweile 32 Grad erreichen wir die *Piazza Navona*. Mein ausgelaugter Körper schreit nach schnellen Kohlenhydraten. Wir suchen uns die nächstbeste Trattoria. Überfüllt ist es sowieso überall. Ich stürze eine Cola hinunter und freue mich auf das letzte warme Gericht dieser Reise. Wieder sollen es Nudeln sein. Dieses Mal nehmen wir, wenig experimentierfreudig, beide die *Carbonara*. Während wir auf das Essen warten, schreibt Stefan Postkarten. Gleich sieben Stück. Sämtliche Großeltern, Onkel und Tanten werden von ihm traditionell mit Pappgrüßen versorgt. Er macht das schon immer so und wird es auch weiterhin tun – allen technischen Neuerungen zum Trotz. Meine Rührung erreicht ihren Höhepunkt, als er feinsäuberlich *Germania* (*all'estero*) unter die Adressen schreibt.
Ich fühle mich sofort verpflichtet, meiner Großmutter ebenfalls einen Gruß zu senden. Also zücke ich mein Handy, tippe ein paar Zeilen bei WhatsApp, und schicke ihr ein kleines Best-of von Bildern aus den letzten Tagen. Beim Raussuchen der Fotos staune ich selbst darüber, Teil dieser Reise gewesen zu sein. Zeitgleich antwortet Ernesto. Er gratuliert uns zur Ankunft und legt gleich noch drei Hundebilder nach. *Pepe* heißt er. Laut Ernesto ist er jung, dumm und das liebenswerteste Geschöpf aller Zeiten. Without you, *Pepe* would not be here, schreibt er am Ende.

Mir gegenüber leckt Stefan Briefmarken an und klebt sie sorgfältig in das dafür vorgesehene Viereck. Ernesto hatte recht: *People are crazy. They will always be.* Das muss nicht zwingend etwas Schlechtes sein.

Bevor wir uns auf den Rückweg zum Quartier machen, stehen wir noch Schlange, um das angeblich beste *Tiramisu* Italiens zu probieren. Vielleicht ist das Anstehen selbst schon das Geheimnis des vermeintlich außerordentlichen Geschmacks. Nach 45 Minuten Stehen schmeckt womöglich alles ein wenig besser. Wir nehmen die kleinen Becher mit und finden einen schattigen Hauseingang, auf dessen kühlenden Stufen wir uns niederlassen. Stefan nickt wie immer aggressiv, wenn er etwas besonders Leckeres zwischen die Zähne bekommt. Es schmeckt fantastisch. Gäbe es diesen *Tiramisu*-Tempel bei mir in der Straße, würde ich womöglich nach einigen Monaten ärztliche Hilfe benötigen.

Die letzten 45 Minuten Fußweg zu unserem Quartier. Wieder schleichen wir. Zeit bis zur Abfahrt des Nachtbusses haben wir noch mehr als genug. Ich ertappe mich dabei, wie ich nach einer Lösung suche, um morgen doch einfach weiterfahren zu können. Die nächsten 100 Kilometer. Immer weiter. Hauptsache nicht ankommen. Hauptsache nicht zurück. Doch jede dieser Lösungen wäre egoistisch und unverantwortlich.

Wir steigen auf die Räder, ohne nochmal die Schuhe zu wechseln, und quälen uns durch den Stadtverkehr zum Bahnhof. Dort decken wir uns mit Bergen von Schokolade, Chips und Nüssen für die Busfahrt ein. In einem charakterlosen Bahnhofscafé trinke ich noch den letzten Espresso auf italienischem Boden.

Kurz vorm Einstieg in den Doppelstockbus verkündet Stefan feierlich, dass er die „Logenplätze" gebucht hat: oben, ganz vorne. Beinfreiheit ohne Ende und Panoramablick. Das ändert zwar nichts an meiner melankomischen Grundstimmung, doch wird es die nächsten 14 Stunden sicher etwas erträglicher machen. Wir breiten uns auf den Luxussitzen aus. Stefan streckt sich genüsslich und schaut sich um.

„Herrlich! Tsss. Die Coolen sitzen schon lange nicht mehr hinten", grinst er und wirft sich eine Handvoll Nüsse in den Mund.

Die ersten Stunden im Bus gleichen den Abendstunden der letzten Tage. Wir lümmeln nebeneinander, spielen und essen. Was aber das Schönste ist: Wir planen schon wieder. Nur dieses Mal nicht die Route des nächsten Tages, sondern eine neue Radreise. Es sprudelt nur so aus uns heraus:

In Trelleborg aus der Fähre spucken lassen und bis zum nördlichsten Punkt Schwedens radeln. Einfach zu Hause losfahren und solange nach Osten, bis wir keine Lust mehr haben. Während der Tour de France mit einem Tandem von Etappe zu Etappe rollen. Die fünf hässlichsten Städte Deutschlands nacheinander abfahren und die Nächte im jeweils schlechtesten Hotel verbringen. In einem Rutsch von München nach Mailand, um dort noch einmal ein Fußballspiel im altehrwürdigen Giuseppe-Meazza-Stadion zu besuchen. Wir werfen uns Ideen um die Ohren und meinen jede einzelne davon ernst. Es ist nicht nur ein Versprechen an die Zukunft unserer Freundschaft. Es ist auch die Übereinkunft darüber, dass diese Woche, trotz aller Strapazen, ein wunderbares Erlebnis war. Eine Tatsache, die wir niemals ungefiltert aussprechen würden, mit unserer albernen Angst vor Kitsch.

Der Himmel hat sich pink gefärbt. Die Panoramasitze werden ihrem Namen gerecht. Langsam fahren wir in die Nacht hinein. Gegen Mitternacht steckt sich Stefan die Kopfhörer in die Ohren und schläft innerhalb von Sekunden ein. Auf mich wartet voraussichtlich eine lange schlaflose Nacht. Außerhalb von Betten habe ich noch nie in den Schlaf gefunden.

Nochmal schaue ich mir Videos und Fotos auf dem Handy an. Wie so oft bleibe ich dabei bei den Bildern der eigenen Kinder hängen. Alte, schmerzende Bilder. Kleine Gestalten, die schon längst Geschichte sind. Ihr zweijähriges, vierjähriges oder sechsjähriges Ich hat sich aufgelöst. Diese kleinen Menschen gibt es nicht mehr. Dies zu akzeptieren, ist im Grunde unmöglich. Ich möchte sie festhalten, die Zeit anhalten. Aber das geht nicht. Und auch wenn ich weiß, dass es so sein muss und alles andere falsch wäre, bricht es mir das Herz, jeden Tag. Eines Tages werden sie als erwachsene Menschen diese Bilder sehen und sich von außen betrachten, so wie ich es auf dieser Reise getan habe.

Ich zwinge mich dazu, nach oben zu scrollen. Zurück zur jungen Geschichte. Ich sehe mich selbst auf dem Fahrrad. Mal leidend, mal lachend, mal nervös, aber immer lebendig. Irgendwann werde ich diese Fotos wiederfinden und nur einen gerade noch jungen Mann sehen, der mit meinem Ich dann nur wenig zu tun haben wird. Eine abgestoßene Hautschicht, die man als Trophäe an die Wand hängen kann. Wie das zerrissene Kartenspiel von damals.

Ich genieße das gleichmäßige Brummen des Busses und starre in die Nacht. Mir fällt auf, dass ich seit der Abfahrt noch gar nicht wieder an meiner Stirnlocke gedreht habe. Das nervöse Grundrauschen ist weg. Obwohl ich in mir Unruhe spüre, kann ich sie von meinem Körper trennen. Ganz nebenbei habe ich das Nichtstun wiedererlernt. Das Nichtstun der Frau im Zug nach Bologna, die ich so beneidet habe. Vielleicht ist es eine vorübergehende Superkraft, die durch die Tage auf dem Fahrrad entstanden ist. Es ist leicht achtsam zu sein, wenn die Umgebung artgerecht ist.

Resonanz
Sommer 1992

Der Junge legte seinen Kopf ins Gras und drehte ihn zur Seite. Aus allen Richtungen drangen leise Geräusche zu ihm. Er hörte sie, obwohl nicht weit entfernt zwei Vögel um die Wette sangen. Er schaute einem Käfer zu, der beschwerlich einen der riesig wirkenden Halme nach oben kletterte. Oben angekommen streckte er sich in die Höhe, dann brach der Halm unter seiner Last zusammen. Wenn er den Käfer konzentriert anstarrte, sah er das Steinhaus im Hintergrund doppelt. Er stupste den gelben Panzer ganz leicht mit dem Zeigefinger an. Es schien den Käfer nicht zu stören.

Er stand auf und holte seinen grünen Ball, der vor den Stufen zum Eingang des Steinhauses lag. Wie immer, wenn er einen Ball am Fuß hatte, wurden seine Bewegungen plötzlich sicherer. Er wirkte weniger zerbrechlich. Für sein Alter konnte er schon erstaunlich gut mit den Füßen jonglieren. Er nahm sich vor, den Ball mindestens 30 Sekunden in der Luft zu halten. Er stoppte die Zeit mit der neuen, schwarzen Casio Uhr an seinem Handgelenk. Er ließ den Ball auf dem Kopf, den Knien und den Füßen tanzen. Dann blendete ihn die Sonne und er verlor die Kontrolle. Er drückte auf den kleinen Knopf an seiner Uhr:
42 Sekunden.

Zwischen zwei Bäumen sah er in einiger Entfernung das rotbraune Fell der großen Katze aufblitzen, die seit dem ersten Tag des Urlaubs immer mal wieder auftauchte, sich jedoch bisher nicht in die Nähe des Hauses gewagt hatte. Er spürte ihre Blicke und schoss den Ball sanft in ihre Richtung. Sie schwankte zwischen der Angst vor dem Menschen und der Lust des Jagens. Er beschloss, sich wieder in das Gras zu legen. Er wusste, dass es falsch wäre, der Katze Aufmerksamkeit zu schenken, wenn er ihr irgendwie näherkommen wollte. Also folgte er ihrer Blickrichtung und spielte Interesse an dem Fliederbusch vor, den sie mit ihren gelben Augen fixierte.

Er näherte sich dem Busch auf allen Vieren und steckte seinen Kopf zwischen die dünnen Äste. Die   Katze schien etwas irritiert zu sein. Ihr buschiger Schwanz schlug ein paar Mal aufs Gras. Dann miaute sie leise und setzte sich in Bewegung. Sie nahm Kurs auf den grünen Ball, der auf den zerdrückten Halmen lag, dort wo er eben noch gelegen hatte. Er drehte sich um, ohne den Kopf aus dem Busch zu nehmen und genoss den Anblick des Tieres. Die Katze tippte mehrmals zaghaft mit einer Pfote auf den Ball. Dann grub sie ihre Krallen in den Schaumstoff und ließ sich zur Seite fallen. Er fühlte eine stolze Freude darüber, dass die Katze nun in seiner Welt angekommen war, seinen Ball berührte und seinen Geruch akzeptierte. Er zog den Kopf langsam aus dem Fliederbusch und näherte sich ein wenig. Das Tier war immer noch sehr wachsam, doch die leicht zusammengekniffenen Augen und das leise Schnurren sagten ihm, dass es sich wohlfühlte.

Bald saß er direkt neben der Katze, weiterhin ohne es zu wagen, ihr in die Augen zu schauen. Er griff nach dem Ball, sie schreckte auf. Für einige Sekunden hielten beide inne. Dann warf er den Ball ein paar Meter in Richtung des Fliederbusches. Die Katze zuckte sofort. Mit zwei Sätzen krallte sie sich den Ball und wälzte sich mit ihm durch das Gras. Er folgte ihr, zog den Ball aus ihren Pfoten und warf ihn wieder weg. Sie hatten ihre Sprache gefunden. Immer und immer wieder warf er den Ball und die Katze sprang ihm hinterher, als würde ihr Leben davon abhängen.

Irgendwann griff er nicht mehr nach dem Ball, sondern strecke seine Hand vorsichtig der Nase des Tieres entgegen.

Sie schnurrte weiter, also ließ er seine Finger in das dichte Fell an ihrem Hals gleiten. Dann trafen sich ihre Blicke. Ihre Augen schienen aus etlichen Schichten zu bestehen. Unzählige braune und schwarze Punkte übersäten ihre Iris, wie ein Universum, durchzogen von Planeten.

Sie lagen eine halbe Stunde nebeneinander im Gras. Dann erhob sie sich, streckte systematisch ihre Glieder und verschwand, ohne sich umzudrehen, zwischen den Bäumen. Er wusste, er würde sie nie wieder sehen. Dennoch konnte er sein Glück kaum fassen. Er spürte die Verbundenheit zu seiner Umgebung in jeder Faser seines Körpers. Ein Urvertrauen, am richtigen Ort zu sein.

Ebenso wusste er, dass es nicht nötig wäre, jemandem von dieser Begegnung zu berichten. Er würde nie die richtigen Worte finden. Weil es keine Worte geben würde. Weil Worte nur ein vergeblicher Versuch waren, das Unsagbare hörbar und das Unsichtbare sichtbar zu machen.

Auf dem Homescreen wird mir angezeigt, dass ich heute 32.371 Schritte zurückgelegt habe. Ich rechne kurz durch. Selbst mit durchschnittlich nur 7.500 am Tag würde ich am Ende meines Lebens ungefähr 219 Millionen Schritte, also rund 175.000 Kilometer zurückgelegt haben. Viermal um den Äquator. Ich kann wieder staunen. Wir sind tagtäglich von Superkräften umgeben. Jeder von uns hat sie. Vielleicht ist es unsere einzige Aufgabe, diese Superkräfte in uns selbst und um uns herum zur Kenntnis zu nehmen. Ich ertaste den Klettverschluss meines Rucksacks und muss lächeln. Tausende von winzigen Haken und Ösen, die gemeinsam eine weiche Fläche ergeben.

In der Tiefe der Nacht halten wir an einer schwach leuchtenden Tankstelle irgendwo im Grenzgebiet zwischen Italien und der Schweiz. Die meisten Fahrgäste schlafen. Einige haben sich in die Dunkelheit gequält. Blasse, faltige Gesichter mit glimmenden Stangen im Mund. Ich flaniere durch das gut sortierte Tankstellengeschäft. Statt *BiFi* und belegter Brötchen, aus denen Remoulade quillt, gibt es hier hausgemachte Kost und Biosnacks in Spitzenqualität. Ich decke mich ein, als müsste ich zwei Wochen in der Wildnis überleben. Der übliche Reflex, am Ende des Urlaubs sämtliches Bargeld loswerden zu müssen.

Die ersten Ausläufer der Dämmerung erreichen uns. Habe ich geschlafen? Womöglich ist mein Kopf mehrmals zur Seite gekippt und ich habe tatsächlich ein paar Minuten Schlaf bekommen. Gegen 7 erreichen wir wie geplant Basel. Fröstelnd schieben wir zum Bahnhof, um von dort die letzte gemeinsame Fahrt in Angriff zu nehmen. Der letzte

Zug. Noch eine kurze gemeinsame Zeit, bevor Stefan aussteigt und ich noch ein paar Stunden weiterfahren muss, bis auch ich zu Hause bin.

Im Zug frage ich Stefan, welche Bilder wohl bei ihm hängenbleiben werden. Welche Momente ihm sofort ins Hirn schießen, wenn er an die letzten Tage denkt.

„Definitiv dein körperliches Wrack auf den letzten Metern am erstem Tag. Wie du da gekniet hast und nicht mal mehr dein Fahrrad schieben konntest. Aber auch Florenz, wie wir den Laden dort gerockt haben. Oder wie dir der Kellner in Lido di Tarquinia die Garnelenschürze umgebunden hat. Posterpotenzial!"

Auch unsere kleine Schätzung vom ersten Abend in Castel del Rio werten wir noch aus. Am Ende bin ich insgesamt nur fünfmal gestürzt und habe 26 Espressi getrunken. Mindestens fünf davon fallen in die Kategorie „Kaffeemomente für die Ewigkeit". Dass es bei der einen Reifenpanne von Tag 4 bleiben würde, hätte auch niemand vermutet.

Schon bald heißt es Abschied nehmen.
Ich tätschle Stefan die Schulter, während er seinen Kram zusammenpackt. Wir nehmen uns vor, am Abend zu telefonieren, um den Trennungsschmerz ein wenig erträglicher zu machen. Er trägt sein Rad aus dem Zug und stellt sich direkt vor mein Fenster. Es dauert einige Minuten bis sich der Zug in Bewegung setzt. Minuten, in denen wir uns zujubeln und obszöne Gesten machen. Als der Zug ins Rollen kommt, winken wir, bis wir uns nicht mehr sehen können. Dann ist er weg.

Sofort stellt sich der „Klassenfahrtblues" ein. Sieben Tage haben wir fast jede Sekunde gemeinsam verbracht, immer im selben Bett geschlafen. Nun ist alles wie vorher und doch nichts wie es war.

Es regnet mittlerweile Bindfäden. Wie fünf Tage zuvor, zwischen Florenz und Siena. Doch bin ich heute nur stiller

Betrachter und nicht Teil des Universums. Schon bald bekomme ich die erste Sprachnachricht von Stefan:

„Buongiorno al forno! Ich bin jetzt zu Hause. Schon ein bisschen trist jetzt so allein. Aber ich würde mal sagen, das war es wert, ne? Bis später!"

Ich widerstehe dem Drang, sofort zu antworten. Es ist sonderbar, wie sehr wir uns an die unmittelbaren, ortsunabhängigen Kommunikationsmethoden gewöhnt haben. Wir könnten den Rest des Tages schreiben, Sprachnachrichten senden oder videotelefonieren. Es würde wohl jegliche Traurigkeit, jegliches Vermissen im Keim ersticken. Doch genauso würde es uns in eine fantasielose Oberflächlichkeit treiben, die wir irrtümlicherweise Wirklichkeit nennen.
Ich schaue aus dem Fenster und versuche mir vorzustellen, wie der Regen aus den Wolken fällt.

Epilog

Acht Wochen sind seit der Ankunft in Rom vergangen. Bis heute hallen diese Tage nach. Welche Bilder sind in mir hängengeblieben?

Ich sehe das Haus von Ernesto, den ebenen Pool dahinter, in dem sich die Abendröte spiegelt. Ich sehe die Köpfe der Menschen im Pub von Florenz, während ich für eine unglaublich lange Sekunde beim Torjubel in der Luft stehe. Ich sehe Stefan, wie er mit riesigen Schritten ins Mittelmeer rennt und von den ersten Wellen zu Fall gebracht wird. Ich sehe den Asphalt unter mir vorbeiziehen, während ich mich tief über den Lenker beuge, um dem Gegenwind keine Angriffsfläche zu bieten. Bilder, die für immer bleiben, auch wenn sie sich verändern werden.

Ich bin lächelnd zurück in mein Hamsterrad geklettert. Das kleine innere Erdbeben, das alles zu Fall bringen drohte, was nicht sicher an den Wänden befestigt war, ist vorbei. Mein Job hat es nicht überlebt. Schon im Bus Richtung Heimat keimte dieser Gedanke in mir. Zu viel Lebenszeit, die verloren geht und nicht durch Geld aufzuwiegen ist. Zu wenig Zeit für mich und meine Bedürfnisse. Natürlich weiß ich, dass diese Entscheidung auf einer extrem privilegierten Existenz basiert, wenn man auch ohne Arbeit ein paar Monate über die Runden kommt.

Bisher bin ich noch nicht wieder auf ein Fahrrad gestiegen. Wie ein alter Mann, der seine täglichen Runden aufgegeben hat, nachdem der Hund gestorben ist. Nicht weil er keine Lust mehr hätte, sondern weil er sich dem Schmerz nicht stellen möchte.

Was habe ich gelernt? Welche Superkräfte habe ich mir erhalten können? Geblieben ist eine Klarheit, die nur schwer in Worte zu fassen ist. Eine Starre, die sich gelöst hat und mich etwas weicher durch die Tage bringt. Zudem hänge ich weniger am Handy, führe keinen unnötigen Smalltalk mehr. Ich lache nicht mehr künstlich, ertappe mich seltener dabei, Dinge zu sagen, um anderen zu gefallen.

Habe ich Leichtigkeit gewonnen oder Schwere verloren? Schwer zu sagen. Womöglich letzteres, da ich mich leichter fühle. Vielleicht habe ich nur durch Weglassen viel gewonnen. Das Schöne am Älterwerden ist wohl tatsächlich, dass man sich auch von sich selbst nicht mehr alles gefallen lässt.

Gelernt habe ich, den Kontakt zu meinem jungen Ich aufrecht zu halten. Mit dem kleinen Jungen zu fühlen, ohne ihn zu bemitleiden, sondern ihn für seine Fantasie, seinen Mut und sein stilles Wünschen zu bewundern. Ich habe unter die alte Steinplatte geschaut, unter der sich das Leben aus einer anderen Welt tummelt. Ich habe sie hochgehoben und mich an den Anblick gewöhnt.

Ein anhaltendes Erschöpfungsgefühl, das ich so noch nicht kannte, begleitete mich eine Zeit lang. Mein Körper brauchte gut vier Wochen, um wieder einigermaßen zu funktionieren. Zu qualvoll war es für ihn, von mir, trotz Magen-Darm-Virus, in den ersten Tagen zu Höchstleistungen gezwungen zu werden. Ich würde es so nicht wieder tun. Zu groß ist der Respekt vor meinem Körper.

Egal, welche Nobelbohne ich kaufe, mahle, und durch meine Siebträgermaschine jage – mein Espresso erreicht nicht annähernd den Geschmack des *caffè italiano*. Doch lasse ich die Bohnen hin und wieder durch meine Finger gleiten, so wie Giuseppe es getan hat.

Mit Ernesto schreibe ich von Zeit zu Zeit. Er geht nun regelmäßig mit seinem *Pepe* hinunter ins Tal, um ihn dort dem Hundefriseur zu überlassen, während er die Einkäufe erledigt. Wir sind alle domestizierte Tiere, die mit jedem Jahr etwas weiter von ihrem Weg abkommen. Doch es gibt

Möglichkeiten, um uns wieder sanft auf einen echteren, ursprünglicheren Weg zu schubsen.

Ich bin dem Jetzt entflohen, genau wie ich es mir gewünscht hatte. Und doch bin ich nur in ein anderes Jetzt eingetaucht, unterbrochen von den intensiven Erinnerungen während der endlosen Stunden im Sattel. Der große Bogen zurück in meinem Kopf, der mich, einmal überspannt, kraftvoll in das Jetzt zurückschoss. Puzzleteile der Vergangenheit, oder dem, was man selbst als Vergangenheit verklärt. Puzzleteile, die angestrengt versuchen, ein Ganzes zu ergeben. Es bleiben Bruchstücke, Sollbruchstellen der Erinnerung, die nur scheinbar eine Einheit bilden. Der Wunsch nach Sinn ist groß. Doch ich versuche das Loslassen zu lernen, die Lücken und die Willkür des Lebens zu akzeptieren.

Vielleicht kann so etwas wie Glück tatsächlich nur durch ein perfektes Zusammenspiel entstehen. Die Gegenwart als weicher Lenker, die Zukunft als rollender Reifen, die Vergangenheit als komfortabler Sattel und dazu im besten Fall noch Menschen, die zuverlässig Windschatten spenden.
Ich habe mich bewegt. Ich wurde bewegt. Ich habe etwas bewegt.

Ein großes Dankeschön an meinen Körper, der alles still ertrug. Irgendwann werde ich mich bei dir revanchieren, alter Freund.

Viele Grüße auch an all die emsigen Fahrradmechaniker in den Werkstätten dieser Welt. Ich verstehe nun, warum ihr chronisch schlechte Laune habt.